Helge Sobik

Irgendwo im Nirgendwo

Unterwegs an den Enden der Welt

Helge Sobik

Irgendwo im Nirgendwo
Unterwegs an den Enden der Welt

Picus Reportagen

Picus Verlag Wien

Grafische Gestaltung: Dorothea Löcker, Wien
Umschlagabbildung: Foto © Helge Sobik
Druck und Verarbeitung:
Druckerei Remaprint, Wien
ISBN 3-85452-780-2

Informationen über das aktuelle Programm
des Picus Verlags und Veranstaltungen unter
www.picus.at

Inhalt

Die zwanzig Enden der Welt

Wo das Nirgendwo beginnt

Das Schöne an einer Kugel ist, dass jeder Punkt ihr Anfang sein könnte. Oder ihr Ende. Die Festlegung auf das eine oder das andere ist nichts als eine Frage der Perspektive. Für die 982 Bewohner von Kuujjuaq in der kanadischen Arktis ist der Ort alles. Ihr Zuhause. Ihre Heimat. Der Lebensmittelpunkt. Egal, wie weit die nächste Siedlung entfernt ist. Egal, wie kalt, wie schäbig, wie karg es dort ist. Kuujjuaq ist für sie die Stätte der Geburt und des Todes, der ersten großen Liebe ebenso wie der Erinnerung an die Vorfahren. Nie kämen sie auf den Gedanken, ihre hingewürfelte Siedlung für das Ende der Welt zu halten. Für alle anderen ist das Dorf in der baumlosen Tundra, wo die Thermometeranzeige im Winter auf minus fünfzig Grad fallen kann, ein verlorener Punkt im Nirgendwo. Abseitig. Lebensfeindlich. Wenn es ein Ende der Welt gibt – es müsste dort ungefähr so aussehen wie in Kuujjuaq.

Gerade abgelegene Orte beflügeln die Fantasie, entfachen die Reiselust, die ausgelebte ebenso wie die der Gedanken im Lehnstuhl. Wie mag es in einer Gegend aussehen, von der man nie ein Foto zu Gesicht bekommen hat? An einem Ort, der in keinem Reisekatalog zu finden und nur umständlich zu erreichen ist? In Siedlungen, zu denen keine Straßen führen? In Gegenden, wo es

Sonnenaufgang und -untergang, aber keine Stunden und Minuten gibt, wo das Datum unwichtig ist? Die Punkte weit abseits sind es, die mehr als andere Reiseziele mit Emotionen behaftet sind. Kuujjuaq entfacht diese Stimmungen. Die Geisterstadt am Rio Grande in Texas, die verlassenen Tempel in Zentralburma, die Wildnis Ostafrikas aus dem Korb eines Heißluftballons, die Einsamkeit am Ufer eines Wadis im omanischen Hajjar-Gebirge, eine Ranch 55 Kilometer abseits der nächstgelegen Straße mitten in der Pampa Uruguays: Weltenden verströmen einen besonderen Zauber.

Wie lächeln die Menschen auf den Gipfeln von Gondwana? Wie weit schaut man von der Spitze eines Leuchtturms oberhalb des Polarkreises in Nordnorwegen, und trägt der Wind dort wirklich die Gedanken davon? Wie fühlt man sich auf einem Schiff mitten in der Wüste aus Blau, mitten auf dem Nordatlantik, wenn das Festland in alle Richtungen mindestens zweitausend Kilometer entfernt ist?

Jeder wird diese Punkte auf dem Globus anders erleben, jeder ein anderes Detail wahrnehmen, andere Antworten finden: Die Welt kann unmittelbar vor den Toren einer Stadt enden oder dort, wo die Berge und Seen noch keine Namen haben, weil nur alle paar Jahre mal jemand vorbeikommt. Sie kann auf einer einsamen Insel enden, auf einem fahrenden Schiff mitten auf dem Ozean, in einem Fremden verschlossenen Kloster, das in der Vergangenheit lebt, keine Gegenwart kennt und die Zukunft nicht will.

Viele der Fischer von Barra do Sucatinga, ei-

nem Dorf, das sich in die Dünen des brasilianischen Bundesstaates Ceará duckt und erst seit ein paar Monaten einen Asphalt-Straßenanschluss hat, sind nie auf dem Landweg aus ihrem Ort herausgekommen. Sie können den Weg zur Nachbarsiedlung Arios nicht beschreiben, obwohl sie keine zehn Kilometer entfernt ist. Tagelang fahren diese Männer aufs Meer hinaus, jahraus, jahrein, seit Generationen, und tagelang fahren sie zurück. In einer Stadt waren sie nie. Und verschlägt es ausnahmsweise mal Fremde nach Barra do Sucatinga, wollen die Fischer von ihnen nicht wissen, wie deren Heimat aussieht. Sie wollen wissen, ob der Ozean endet und es irgendwo ganz weit da draußen wirklich so etwas wie ein anderes Ufer gibt. Sie haben es noch nie gesehen, nur davon gehört, können keine Karten lesen, haben keine GPS-Navigation an Bord ihrer Nussschalen. Sie meinen ihre Frage ernst.

Rein geografisch ist Barra do Sucatinga so sehr Anfang und Ende der Welt wie Hamburg, Wien oder Moskau, wie Washington, Rio oder Sydney. Trotzdem liegt das Fischerdorf ein bisschen mehr im Nirgendwo als all diese Städte. »Barra« existiert fern vom Alltag, lebt einen anderen Rhythmus. Die Perspektive des Betrachters ist es, die diesen Landstrich weit außerhalb der Zeit ansiedelt.

Und wie viele solcher Enden der Welt gibt es? So viele, wie Menschen auf diesem Planeten. So viele, wie jeder für sich auserwählt, erlebt hat oder kennen lernen will. Jedes Ende der Welt ist so subjektiv wie der Anfang einer Kugel. Und immer gibt es Geschichten zu erzählen.

Asphalt im arktischen Moos

Nordkanada: am Arktis-Airport von Kuujjuaq

Bevor Ost und West sich mochten, hatte der Rand der Welt strategische Bedeutung. Damals hatten Regierungen viel Geld für Rüstung in der Schatulle und gaben einiges davon aus, um Asphaltpisten ins arktische Moos zu planieren – Startbahnen für strategische Bomber, Zwischenstationen für Kampfjets auf gedachtem Feindflug über die Kuppe der Nordhalbkugel. Weil inzwischen das Geld knapp ist und deshalb die meisten beschlossen haben, sich fortan doch besser zu mögen, sind ein paar improvisierte Flughäfen im Nirgendwo übrig geblieben. Der Airport von Kuujjuaq in der kanadischen Arktis ist einer davon.

Längst sind die Militärs verschwunden, aber ihre Piste haben sie zurückgelassen und die wiederum hat sich zum Knotenpunkt der Luftfahrt in der südlichen kanadischen Arktis entwickelt – obwohl in Kuujjuaq nur 982 Menschen leben. Größter Arbeitgeber ist der Airport.

Zehnmal pro Woche schwebt eine in die Jahre gekommene Boeing 727 der Inuit-eigenen Fluggesellschaft First Air ein – mal aus Montreal kommend auf dem Weg ins achtzig Flugminuten weiter nördlich gelegene Iqaluit auf Great Baffin Island, mal auf dem Rückweg von dort über Montreal nach Ottawa. Weniger als vierzig Passagiere finden im hinteren Teil der umgebauten

Frachtmaschine Platz, steigen durch die Heckklappe ein und aus und warten in Kuujjuaq geduldig, während die Arme eines riesigen Gabelstaplers durch die weit geöffneten Seitenklappen in den Rumpf des Flugzeugs greifen und Paletten voller überlebensnotwendiger Fracht für die arktischen Gemeinden der weiteren Umgebung herauslavieren.

Die Ladung der 727 – vor allem Milchprodukte, Obst und Gemüse, Zucker, Mehl, aber auch Fernseher und Ersatzteile für Motorschlitten – wird auf die kleinen Propellermaschinen der Air Inuit zum Weiterflug umgeladen.

»Wenn Sie einen Anschlussflug mit Air Inuit nach Kangiqsualujjuaq, Puvirnituq oder über Kangirsuk nach Quaqtaq haben, verlassen Sie diese Maschine bitte nach der Landung durch die Hecktür und gehen direkt zu Gate 1«, schallt es Minuten vor der Landung in Kuujjuaq durch die Maschine. In Englisch, Französisch und der Inuit-Sprache Inuktitut. »Wenn Sie mit uns nach Great Baffin Island weiterfliegen, dann gehen Sie bitte durch Gate 1 und seien Sie in einer Stunde wieder hier. Danke.«

Vor Jahren wird ein arktischer Riesen-Gulliver mit einem geschulterten Sack voller Verpackungsreste durch die moosüberzogene Tundralandschaft getrekkt sein. In Kuujjuaq hat er ein paar Schachteln und Dosen verloren, die an der Piste liegen geblieben sind und fortan für den Flughafen genutzt wurden: fast durchweg Wellblechquader, von denen der eine als das Terminalgebäude mit dem einen Gate, ein anderer als Lagerhalle, eine auf die Schmalseite gefallene rechteckige Schachtel

als Tower, eine der Länge nach halbierte Dose als Hangar genutzt wird. Wenn Feierabend ist am Airport von Kuujjuaq, wird alles abgeschlossen. Und am Morgen rechtzeitig vor dem ersten Abflug kommt jemand mit einem Dosenöffner und schließt alles wieder auf. In den Sommermonaten fahren die Abholer in Kuujjuaq per Pick-up-Truck oder vierrädrigem Geländemotorrad mit Anhänger vor. Im Winter kommen sie mit Motorschlitten.

Airport-Entertainment für die Zwischengelandeten gibt es nicht. Kein Dutyfreeshop, kein Zeitschriftenkiosk, weder Lounge noch Bar, nicht mal ein Fernseher mit den sonst in Nordamerika so allgegenwärtigen Bildern von *CNN Airport Network*. Einzig ein Getränkeautomat hält die Stellung. Wer ihn mit einem Dollar füttert, bekommt braune Blubberbrause. Eisgekühlt.

»Einst sahen wir Inuit die Weißen an, als wären sie Götter. Heute rate ich den Brüdern und Schwestern: Fordert eure Rechte ein«, sagt die 74-jährige Daisy Watts und schaut ebenso weise wie streng auf die Wartenden herab. »Behandle alle anderen Völker mit Respekt. Das ist der Weg, der ein langes Leben beschert«, ergänzt Johnny Annanack, hinter dessen Rücken ein Eisberg treibt. Beide blicken von Plakaten über dem Durchleuchtungsgerät in die Wartehalle. Beide Gesichter sind flankiert von den abgedruckten Zitaten. Die Ureinwohner der Arktis Nordamerikas finden zu ihrem Selbstbewusstsein zurück, sind wieder stolz auf ihre Gegenwart und Vergangenheit, schütteln die scheinbare kulturelle Übermacht der Fremden aus dem Süden ab. Die Plakate geben Zeugnis davon.

Kuujjuaq gehört politisch zur frankofonen kanadischen Provinz Québec, während die Brüder und Schwestern weiter im Norden die Selbstverwaltung über die Siedlungsgebiete ihrer Vorfahren bereits zurückerlangt haben. Iqaluit ist die Hauptstadt der 1999 ins Leben gerufenen Provinz Nunavut, die die Osthälfte der kanadischen Arktis ausmacht (zum Vergleich: sie ist fünfmal so groß wie Deutschland) und deren Geschicke von den Inuit unter dem Dach der kanadischen Regierung gelenkt werden. Die Ureinwohner Nordquébecs bemühen sich um ähnliche Selbstverwaltungsrechte.

»Inuit sind dabei, ihre Stärke zurückzugewinnen. Langsam zwar, aber sie sind dabei«, sagt Daisy Watts den Wartenden. Sie spricht, wann immer ihr jemand den Blick zuwendet. Sie wiederholt die Worte, wann immer man sie ein zweites Mal lesen will. Von den wenigen Passagieren in Kuujjuaq wollen es viele. Eine Stunde Zeit haben sie, bis der Gabelstapler mit den Riesenarmen wieder in seiner Dose verschwunden ist, die Lichter an der senkrechten Schachtel blinken und First Air Flug 866 bereit ist, um im arktischen Moos Anlauf zu nehmen. Wenig später heben wie ein Schwarm Insekten auch die kleinen Propellermaschinen ab und lassen Gullivers Zufallswerk am Boden zurück. Irgendwo im Nirgendwo.

Hinter den Dünen von Ceará

Brasiliens Nordosten: einsame Fischerdörfer und kaum berührte Strände

Geraldo hat diesmal zehn Flaschen *Cachaça*-Zuckerrohrschnaps im Urlaubsgepäck, dazu reichlich Cola, Bier, zwei Bratpfannen, ein paar Kilo Reis und Bohnen, drei Tische, zehn Stühle und eine große Hängematte. Der Mann aus Fortaleza an der Nordostküste Brasiliens will Ferien in einer leer stehenden Bar an der Praia do Uruau, 120 Kilometer südlich seiner Heimatstadt machen. Früher hat er dort direkt am Strand zu Livemusik getanzt, hat gefeiert, getrunken und seine Frau kennen gelernt. Seit fünf Jahren ist die Kneipe geschlossen: zu wenige Gäste, der Laden leer geräumt, das Haus Wind und Wetter ausgeliefert, der Besitzer weggezogen. Ein Traum unter Palmenwedeln im Zerfall. Geraldo hat die Bar do Magal mit ihrer Terrasse für ein paar Reais gepachtet. Sein Vertrag läuft für drei Wochen – 21 Tage zur Verwirklichung des Lebenstraums. So lange spielt er jetzt in seiner Lieblingsbar Kneipier.

Viel los ist an den Sandstränden des brasilianischen Bundesstaates Ceará nicht, an goldgelben Küsten mit puderzuckerfeinen Dünen bis hinter den Horizont. In Morro Branco gibt es ein paar gut laufende Beachbars, weil dort an den Wochenenden die Städter zum Feiern hinfahren, in Praia das Fontes zwei Hotels, an der Praia do Dio-

go nur noch ein paar Fischerboote im Sand. Je weiter man nach Süden kommt, desto einsamer wird es: viel Strand für wenige Menschen, viel Sonne für ein paar Aussteiger auf Zeit, dazu ständig kühlender Wind für braun gebrannte Haut. Brasilien ohne Rio-Rummel, ohne nennenswerte Kriminalität. Strände fast wie am fünften Schöpfungstag, als es den Menschen noch nicht gab und nur der Beachbuggy schon erfunden war.

Fast hätte Cearás touristischer Karrieresprung bereits stattgefunden, doch im letzten Moment verlief alles im endlosen Sand. 1998 sollte es erstmals Charterflüge von Deutschland aus nach Fortaleza geben. Knapp zehn Stunden hätte der Nonstopflug gedauert – ungefähr so lang wie in die Karibik. Hotels auf dreihundert Küstenkilometern waren bereits unter Vertrag genommen, um den erwarteten Besucheransturm bewältigen zu können. Beachbar-Betreiber, Buggyfahrer, Pferdeverleiher – alle rieben sich die Hände vor Vorfreude und waren neugierig auf die Fremden. Sie warten immer noch, doch im Moment kommen nur die wenigen, die auf dem Umweg über Lissabon oder Recife mit Linienjets anreisen. Das Charterprojekt liegt auf Eis. Die Maschinen werden vorerst anderswo benötigt.

Drei Tage hat Geraldo in »seiner« Bar zum Aufräumen, zum Putzen und zum Streichen gebraucht. Werbung hat er keine gemacht, nur die breite Hängematte gespannt, sich mit seiner Frau hineingelegt und auf Gäste gewartet. Am ersten Tag kamen zwei, am zweiten schon drei. Nach einer Woche hatte er 17 Portionen gebratenen Fisch mit Reis und Bohnen für jeweils 3,50 Reais ver-

kauft – umgerechnet weniger als zwei Euro, dazu ein paar »Antarctica«-Bier, einen Kasten Cola. Eine Flasche *cachaça* hat er selber getrunken. Sollte das Geschäft während seines Urlaubs noch in Schwung kommen, will er herziehen, für immer hier bleiben und seinen Traum zwischen Strand, Hängematte und Herd leben. Klappt es nicht, war es trotzdem schön: Geraldo wird die Kneipe im nächsten Urlaub wieder mieten.

Die Küstenstraße CE 40 verläuft kilometerweit im Hinterland, ist schmal, holprig und doch eine Lastwagenrennstrecke. Die Stichstraßen zu den Orten am Meer sind sandig und oft nicht mal ausgeschildert. Wer sie entlangfährt, wird an ihrem Ende mit Alltag belohnt, mit Gastfreundschaft, mit Stränden, die noch kein Tourist zuvor entdeckt hat.

Diese kleinen Fischerorte an der Küste von Ceará kommen ohne Häfen aus. Die flachen *Jangada*-Boote werden wie Flöße auf den Strand gezogen und von dort aus über Baumstämme wieder ins Wasser gerollt, die Segel zwischenzeitlich nicht mal eingeholt. Kaum eines ist ohne Werbung: einige für Autoversicherungen, die meisten für eine Zementfirma, manchmal für Reifenhersteller. Diese Sponsoren kaufen den Fischern das Tuch, um sich einmal im Jahr bei der großen *Jangada*-Regatta vor Fortaleza ins rechte Bild zu rücken. An allen anderen Tagen bleibt die Werbung folgenlos. Kaum jemand sieht sie an den einsamen Stränden, niemand draußen auf den Wellen des Südatlantik.

Zwei Glühlampen im Gebälk bringen auf See Licht in die Nacht. Der Anker der gerade fünf mal

zwei Meter großen, kiellosen Boote ist ein mit Seilen umwickelter Stein. Drei Tage sind die Fischer mit ihren Nussschalen draußen. Cristiano aus Barra do Sucatinga ist einer von ihnen. Sein Boot heißt ausgerechnet »Polar« – obwohl es in Ceará heiß und trocken ist. Und Eis gibt es allenfalls in Cola oder Cocktails. Nach der Rückkehr verkauft er die Ausbeute der Fangfahrt direkt am Strand – diesmal zwei Dutzend rosa schillernde Doraden und zwei große Rochen. Abends werden sie auf der Schiefertafel der Kneipe Artistas Seutota in Barra stehen: *muqueca de arraia*, Rochen in Kokossoße – die große Portion für zwei Personen zu umgerechnet knapp fünf Euro.

Vor ein paar Monaten hat Cristiano sich als Nachtwächter ein paar Reais dazuverdient. Damals hat der landesweite Fernsehsender *Rede Globo* hinter den Dünen der Praia dos Anjos am Ortsrand vier Wochen lang die brasilianische Variante von »Inselduell« aufgenommen. Der Titel: »No Limite«. Die Kandidaten waren wohl beleibte Großstädter, die in der kargen Dünenwelt einzig mit dem zurechtkommen mussten, was die Natur hergibt. Sie schliefen unter Palmen, wohnten unter einem großen Cashewbaum. Streichhölzer zum Feuermachen, Angelausrüstung oder ein Fischernetz mussten sie sich erst verdienen, indem sie komplizierte Aufgaben in der Wildnis lösten. Was immer sie taten, die Kamera hielt drauf, und allabendlich fieberte die TV-Nation halb mit, halb spottete sie.

Keiner der Kandidaten schaffte es bis Barra do Sucatinga, keiner ahnte, dass sich zwei Kilometer hinter den Dünen ein Fischerdorf verbirgt, wo der

Wirt abends Rochen in Kokossoße serviert. Cristiano musste nicht etwa die Kandidaten in Schach halten, sondern aufpassen, dass die Fans nicht ähnlich wie bei »Big Brother« aufs Gelände vordrangen.

Manch »No Limite«-Kandidat wurde in Brasilien zum Kultstar: Serienschönheit Andrea wurde als Model entdeckt, Siegerin Eliane hat ein Buch geschrieben, andere haben Songs aufgenommen. Ihr Überlebenstraining hat sie zu Stars gemacht, obwohl die eigentlichen Helden hier die Fischer sind.

Bis Barra kommen die Buggyfahrer nur selten. Sie heizen auf der Suche nach Ausflüglern über den Strand bei Praia das Fontes. Wer zusteigt, kann mit ihnen im Rennwagentempo über die Dünen schaukeln. Fündig werden sie fast nur in den Hochsaison-Monaten Dezember, Januar und Juli. Warum in den anderen Monaten kaum Gäste kommen, versteht keiner. Das Wetter ist dasselbe – im Tagesschnitt über 25 Grad, meistens Sonne. Odualdo ist einer von ihnen und nimmt nur zum Schlafengehen die Sonnenbrille ab, als ob das zum Coolness-Kodex der Beachrennfahrer gehörte. Sein Buggy ist zehn Jahre alt und wird in dieser Variante längst nicht mehr gebaut. Er hat ihn vor ein paar Monaten gebraucht noch umgerechnet zweieinhalbtausend Euro gekostet. Wie viel er für einen Neuwagen hätte hinlegen müssen, weiß Odualdo nicht – »mehr als das Geschäft einbringt, wahrscheinlich«. Die Brille rutscht, wenn er lächelt. »Das Spannende für mich«, erzählt er irgendwann, »ist gar nicht das Fahren, sondern das Kennenlernen der Menschen von anderswo.«

Warum so wenig Europäer darunter seien, will er wissen. Eine schlüssige Antwort gibt es nicht.

Wenn Sonne, Beachbuggys und Wochenendbesucher aus Fortaleza wieder verschwunden sind und der Himmel noch nicht ganz dunkel ist, verwandeln Einheimische manchen Strandabschnitt in ein Fußballfeld. Und wenn die Dribbelkünstler gerade aufs gegnerische Tor zupreschen, unterbricht sogar der weiße Beachbuggy der Polizei mit Blinklicht auf dem Holm seine spätnachmittägliche Patrouillenfahrt am Strand, ehe er das Spielfeld kreuzt.

Geraldo hat diesen Abend die Speisekarte seiner Miet-Beachbar erweitert. Die Fischer von Uruau haben Krabben mitgebracht. Er serviert die frittierten *camarão* mit einem Dip aus Kokosmilch, Koriander und Zwiebeln – ein Rezept seiner Schwiegermutter. Sechs Gäste kommen diesen Abend und zusammen trinken sie eine Flasche *cachaça*. Mund-zu-Mund-Propaganda. Das Geschäft mit der Bar im Paradies kommt ins Rollen.

Unter den Augen Buddhas

In Zentralburma das alte Asien erleben: Flusskreuzfahrt auf dem Ayeyarwady

Als ob die Dunkelheit Lieder summte. Langsam kommen sie näher, bewegen sich unsichtbar durch die mondlose Nacht. Leise sind sie. Und immer begleitet vom Sirren der Zikaden am Ufer, vom Schlagen der Ruder ins Wasser des Ayeyarwady. Mitternacht auf dem Fluss, der im Himalaya entspringt und sich quer durch Burma über 2170 Kilometer zum Indischen Ozean schiebt. Irgendwo an Land nimmt sich der Wind das Klimpern von Tempelglöckchen und trägt es hinaus aufs Wasser, wo er die Töne fallen lässt und sie sich mit den nächtlichen Liedern von Bord der Fischerboote vermischen. Vor fünf Stunden hat Kapitän Ba Nyan in der Flussmitte bei Pakokku Anker werfen lassen. Am nächsten Morgen um halb sieben wird er die Maschinen wieder starten – unterwegs auf einem der größten Ströme Asiens.

Nur wenige Flusskreuzfahrt-Passagiere sitzen um diese Zeit noch in den Rattansesseln unterm Baldachin auf dem Observation Deck der Road to Mandalay. Sie trinken ihren Gin Tonic, lauschen in die Dunkelheit. Erst nur mit den Ohren, später auch mit den Augen verfolgen sie die Fischer, die in ihren winzigen Ruderbooten auf dem Fluss auf Fangfahrt sind und singend am Kiel des über hundert Meter langen Schiffes vorbeiziehen.

Die Luft ist seltsam klar, Sterne stehen am Himmel und es ist kühl geworden. Die Sessel sind nicht mehr klebrig von der Hitze des Tages, als sich das Schiff in Mandalay auf den Weg nach Bagan gemacht hat.

Achteinhalb Stunden hat es bis hierher gebraucht und dem Begriff »Kreuzfahrt« seinen wahren Sinn zurückgegeben, zweieinhalb weitere Fahrtstunden werden es am nächsten Morgen bis Bagan sein. Im Zickzack kurvt das Schiff über den Riesenfluss, ungezählte Male in immer anderen Winkeln diagonal von einem Ufer zum anderen und ebenso schräg wieder zurück. Nur etwa 135 Kilometer sind es von Mandalay bis zum Ankerplatz dieser Nacht gewesen. Zurückgelegt hat der Fluss-Liner fast die doppelte Streckenlänge. Immer wieder musste Kapitän Ba Nyan sich aufs Neue den Weg zwischen Sandbänken hindurch suchen, die Tag für Tag von der Strömung verschoben werden, als rücke der Fluss die Möbel im Wohnzimmer der Fische und sei mit der Einrichtung nie völlig zufrieden.

Zwei Lotsen unterstützen den Kapitän und wissen auch sie nicht, wo gerade die Fahrrinne verläuft, wird stets ein Schlauchboot mit zwei Matrosen vorausgeschickt. Mit einem Bambusrohr lotet diese Vorhut das Fahrwasser aus und weist dem Koloss den Weg.

Die Road to Mandalay ist das größte Schiff, das je auf dem Ayeyarwady unterwegs war: 101,6 Meter lang, 11,6 Meter breit, maximal 11 Knoten schnell, ausgestattet mit Kabinen für bis zu 120 Passagiere, mit Bordrestaurant und Salon, mit Bars und Boutique, mit Pool und Bibliothek, de-

koriert mit edlen Hölzern und Stoffen, mit fernöstlichen Schnitzereien und asiatischer Kunst. Es ist das dritte Leben dieses Schiffes, denn ursprünglich war es als MS Nederland auf dem Rhein unterwegs und lag später als Hotelschiff unter dem Namen MS Elbresidenz in Dresden vor Anker. 1995 trat es im Bauch eines Transportschiffes die Reise nach Asien an, um nach einem Totalumbau in für Flusskreuzfahrer bis dato unbekannte Gewässer vorzudringen. Seitdem pendelt es als Road to Mandalay im Wochenturnus zwischen Mandalay und Bagan in Zentralburma und ist zum schwimmenden Hotel in einer Gegend geworden, deren Sehenswürdigkeiten Jahrtausende alt sind, deren Infrastruktur aber erst entsteht. Der Fluss hat einen Vorteil: Er hat keine Schlaglöcher – die Überlandstraße besteht aus nichts anderem: Sie wirft mehr Wellen als jedes Gewässer.

Die buddhistischen Mönche von Shwe Kyet Yet segnen das Schiff regelmäßig. Liegt es dort vor den Toren der Königsstadt Mandalay am Anleger, bekommen sie frühmorgens Reis spendiert und stehen dafür in langer Reihe an – der Älteste voran und am Ende der Kette die Kindermönche, die meist nur für ein paar Wochen ins Klosterleben hineinschnuppern. Kurz nach Sonnenaufgang tauchen auch die Dorfbewohner von Shwe Kyet Yet neben dem Rumpf auf, waschen vorm Kiel ihre Kleider und Decken im bräunlichen Flusswasser. Überladene Lastkähne ziehen an ihnen vorbei, transportieren Holz, Steine, Zementsäcke, bergeweise Obst und Gemüse, Kisten und Kartons. Ein Stück weiter waschen Glücksritter Gold aus dem Flusssand – bis zu dreißig Gramm

am Tag. Es wird später in winzigen Werkstätten von Hand gewalzt und gehämmert, bis es hauchdünn ist und zur Erneuerung des Schmucks der Pagodendächer eingesetzt werden kann, die sich entlang des Ufers immer wieder in den Himmel recken.

Was immer hier geschieht – es geschieht gemächlich und die Passagiere an Bord nehmen den Lebensrhythmus der Menschen am Ufer an. Da sind die alten Eheleute aus England, die selten sprechen, sich aber immer an den Händen halten. Da ist der Broker aus New York, der vom zweiten Nachmittag an nicht mehr von Aktienkursen spricht und dessen Pupillen nicht mehr zucken, als blickten sie auf drei Monitore zugleich. Essen, schlafen, schauen, reden, wieder essen und wieder schlafen. Der eigene Alltag ist fern, bleibt ausgesperrt, wird nach und nach gegen buddhistische Gelassenheit ausgetauscht. Die großen Zusammenhänge geraten in den Hintergrund, die Welt ist weit weg und *CNN* findet den Weg in die Bildröhre des Kabinenfernsehers nicht. Funktelefone funktionieren nicht: keine Netzabdeckung im Nirgendwo Zentralburmas, einem Land, das sich der Außenwelt nur in kleinen Schritten öffnet und vom großen Tourismus noch weit entfernt ist. Ein kompliziertes Land. 48 Millionen Menschen leben auf etwa der doppelten Fläche Deutschlands, gehören 67 ethnischen Gruppen an und sprechen 242 verschiedene Sprachen und Dialekte.

Mandalay hat fast eineinhalb Millionen Einwohner und ist doch kaum als Stadt auszumachen: noch keine Hochhäuser, nicht mal höhere

Gebäude. Vororte vom Dschungel umschnürt. Häuser mit Wänden aus geflochtenen Ästen und Palmstroh. Einige Straßen aus Asphalt, andere aus Sand. Die auffälligsten Gebäude tragen blattgoldbelegte Kuppeln, duften nach Räucherstäbchen, sind Buddha geweiht, ragen über Palmen und Mangobäume hinaus und ihre Höfe sind erfüllt von Andacht. In Mandalay ist es gerade 1950 und in den Außenbezirken ist die Zeit vor Hunderten von Jahren stehen geblieben. Die Stadt hat den Sprung ins 21. Jahrhundert noch vor sich und steigert doch täglich die Geschwindigkeit Richtung Zeitenwende. Mit jedem neuen Touristenbus, mit jedem Schwung Flusskreuzfahrer rückt die Gegenwart näher. Noch ist in Mandalay das alte Asien lebendig. Noch ist diese Stadt mit ihren goldenen Pagoden und ihren Tempeln das Ziel einer Zeitreise. Straßenbeleuchtung gibt es kaum. Stattdessen glimmen bei Dunkelheit Holzkohlenfeuer vor den Häusern und wird Strom benötigt, schwingen sich die Männer auf fest montierte Fahrräder im Hof, um ihre Generatoren zu speisen.

Sonnenuntergang an der General-U-Bein-Bridge bei Mandalay: Im langen Schatten der Brückenpfeiler treffen sich Glaube und Aberglaube am Taungthaman-See. Mönche flanieren über das Teakholz der Planken, hocken im Gespräch beisammen, halten Andacht – und ein paar Meter weiter »verkaufen« junge Frauen Vögel für ein paar Kyat, kaum mehr als zehn Eurocent. Wer einen Finken ersteht, soll ihn freilassen, denn die Vögel nehmen im Flug die geheimen Wünsche ihrer Gönner mit, auf dass diese schnell in Erfüllung

gehen. Das klingt romantisch und ist schön anzusehen. Keine fünf Minuten später sind die Vögel eine Straßenbiegung weiter wieder eingefangen und werden abermals verkauft. Auch Eulen kann man erstehen und freilassen. Aus schwarzen Augen schauen sie zwischen den Gitterstäben hindurch und blicken, als ob sie »bitte, bitte« sagten. Im burmesischen Buddhismus symbolisieren Eulen besonderes Glück. Sie sind ein paar Kyat teurer als die Finken – und umso schneller wieder eingefangen.

Am zweiten Morgen müht sich ein Schwimmbagger um die Fahrrinne, saugt und schaufelt den Sand zur Seite, um der Schifffahrt einen vorläufigen Weg zu bahnen. Der Ayeyarwady führt viel Erdreich mit sich, das sich vor allem im Delta ablagert und die Landfläche Burmas Jahr für Jahr vergrößert. Die Road to Mandalay ist mit ihrem stahlverstärkten Rumpf für dieses Fahrtgebiet ideal konstruiert. Sollte es allem Lotsenwissen zum Trotz zu Grundberührung kommen, in den Monaten der Trockenzeit keine Seltenheit, kann sie nahezu geräuschlos und sanft über den weichen Flusssand rutschen, ohne festzusitzen.

Bis ins Jahr 1942 hinein waren 602 Dampfer der Irrawaddy Flotilla Company auf dem Fluss unterwegs, dessen damaliger Name Irrawaddy aus dem Sanskrit stammt und »der die Erfrischung bringt« bedeutet. Der neue Name Ayeyarwady bedeutet schlicht »großer Fluss«. Im Zweiten Weltkrieg wurden sämtliche Dampfschiffe versenkt, damit sie nicht den vorrückenden Japanern in die Hände fielen. Die Schifffahrt hat sich davon nie erholt. Frachter sind seltener geworden

und die wenigen Linienschiffe zwischen Mandalay und Bagan sind heute nur sehr einfach ausgestattet, die Passagen für Burmesen dennoch teuer. Unerschwinglich sind für die Menschen am Ufer Fahrten mit der Road to Mandalay – mehr als ein halbes durchschnittliches Jahresgehalt pro Reisetag. Trotzdem mögen sie das rotweiße Schiff, kommen zum Ufer, um zu winken, zum Anleger, um zu schauen. Sie sehen es nicht als Fremdkörper in ihrem Alltag – eher als Bote aus dem für sie unerreichbaren Ausland, auf das sie neugierig sind und in das sie ihre Militärregierung nicht reisen lassen will. Die Familien sind stolz, wenn einer aus ihrem Kreis an Bord Arbeit bekommen hat und mit den Fremden aus Übersee auf Fahrt gehen kann.

Im Eingangsbereich aller großen Tempel steht mindestens ein gerahmtes Schwarzweißfoto mäßiger Qualität. Es zeigt stets den burmesischen Militärdiktator General Than Shwe beim Gebet. Und es soll allen sagen: Wer ein guter Buddhist ist, kann kein allzu böser Mensch sein – auch nicht, wenn er das Land mit eiserner Faust regiert, die Demokratiebewegung unterdrückt und deshalb von der Außenwelt isoliert ist.

Es gab zwischenzeitlich einen Hoffnungsschimmer: Kürzlich hat die Militärregierung den jahrelangen Hausarrest der Oppositionsführerin und Friedensnobelpreisträgerin Aung San Suu Kyi aufgehoben. Besinnung auf Menschenrechte könnte ein Grund sein. Das Werben um die Gunst ausländischer Investoren ein anderer, denn die machen bislang einen Bogen um das Land der Generäle. Der Tourismus spielt eine Sonderrolle,

denn den wünscht sich sogar die Opposition – obwohl auch er Geld in die weiten Taschen der Militärs spült. Doch das Geschäft mit den Fremden untergräbt auch das Regime: Es reißt ein Fenster zur Außenwelt auf, bringt frischen Wind, trägt die Gedanken einer freieren Welt herein, öffnet den Blick auf dieses Land und macht neugierig auf den Blick hinaus. Das kann den Generälen so recht nicht sein. Inzwischen steht Aung San Suu Kyi wieder unter Hausarrest – ungewiss, für wie lange. Ihre Freiheit unterliegt den Launen der Generäle, die des Landes ebenfalls.

Am Flussufer wird man nicht mit politischen Parolen behelligt, doch die Landstraßen sind immer wieder von großen Tafeln mit Merksprüchen gesäumt – mal mit englischen, meist mit burmesischen Propagandabotschaften, immer in weißer Schrift auf rotem Grund. Manchmal sind sie von Pflanzen zugerankt – und niemand befreit sie mehr davon. Ein gutes Zeichen. Oft stehen sie ohnehin seltsam verloren im Nichts. Als lautete die Weisung nur, sie irgendwo aufzustellen – und geschehen ist es dort, wo die Wirkung am geringsten ist. Subversion im Kleinen.

Die singenden Fischer sind verschwunden, die Sonne ist zurück, als würde ein Spot angeknipst, der aus der Morgendämmerung heraus die Abertausenden Tempel von Bagan anstrahlt. Am Ostufer tauchen sie auf. Erst einer, dann immer mehr. Aus roten Ziegeln erbaut, teils zerfallen, teils wie vor tausend Jahren von ihren Erbauern errichtet. Der Vorhang öffnet sich weiter, je näher das Schiff der Ruinenstadt kommt. Der Frühstücksraum hat sich geleert und alle Passagiere stehen an Deck,

staunen, machen Fotos. 13.000 Tempel soll es hier einst auf 42 Quadratkilometern gegeben haben, über 2200 sind es heute noch. In vielen hockt Buddha im Lotussitz, als wäre in tausend Jahren nichts geschehen. Kutschen fahren zwischen den Tempeln umher, Ochsenkarren mit Waren auf dem Weg in die nächsten Dörfer. Aus einer Pagode dringen diesen Morgen leise Gesänge und man möchte glauben, die Stimmen der Fischer aus der letzten Nacht klingen darin fort. Mönche stehen vor dem Portal und die Gegenwart ist wieder Jahrhunderte entfernt. Ein Schiff hat die Fremden hierher gebracht. Es führt sein drittes Leben als Zeitmaschine und liegt diesen Morgen ein paar hundert Meter von jenem Tempel entfernt am Ufer des Ayeyarwady – die Leinen in der Vergangenheit festgemacht. Am Nachmittag wird es ablegen und im Zickzackkurs zurück Richtung Gegenwart reisen. Es wäre schön, wenn es noch bliebe.

Der Flügelschlag des Adlers

Texas: Roadmovie am Rio Grande

Im Regal hinter der Kasse steht Motoröl neben Mayonnaise, ein Glas Gurken neben einem angestaubten Reifenflick-Set, Mundwasser neben Ersatzbirnen für Autoscheinwerfer, eingeschweißtes Brot neben Rasierklingen: alle wichtigen Gebrauchsgüter des Alltags auf weniger als vier Quadratmeter Verkaufsfläche im kleinen Kassenhäuschen der Tankstelle von Marathon am Highway 90 im Süden von Texas.

Jeder Punkt des Ortes ist maximal zwei Blocks von der Prärie entfernt, von Kakteen, Sträuchern, Wildwestlandschaft. Die nächste nennenswerte Stadt ist bei Bleifußtempo nach vier Fahrtstunden Richtung Westen El Paso. Fünf Fahrtstunden nach Nordosten sind es bis nach San Antonio. Wenn die Einheimischen von »Stadt« sprechen, meinen sie Del Rio, ein schäbiges Kaff aus Gewerbegebieten und Highway-Schnellimbissen, das sich nur dadurch zur Metropole qualifiziert, dass es mehr Einwohner hat als Marathon und bloß zweieinhalb Fahrtstunden entfernt ist.

Sogar einen Wachhund gibt es an dieser Prärietankstelle. Ein furchteinflößender Mischling mit ungepflegtem Fell, der sich nach kurzer Gewöhnung als extrem zuneigungsbedürftig erweist. Der Hund hängt an der Kette. Nur ist die Kette nirgends befestigt – also zieht die schwarz-

weiße Bulldoggenmischung mit der drei Meter langen Eisenkette im Schlepp über das Tankstellengelände und bewacht die angerosteten Fünfzigerjahre-Zapfsäulen, auf die jeder Roadmovie-Ausstatter stolz wäre.

Einen Dollar sechsundsechzig kostet die Gallone Normalbenzin. Am Interstate sind es ein Dollar zwanzig. Der aber ist weit und so lässt sich der Tankwart Lieferweg und exklusive Lage bezahlen. Der Weg ins Nirgendwo hat seinen Preis. Und der Mann an der Kasse hat die Gesetze des Kapitalismus kapiert. Verdenken kann man es ihm nicht.

Sechs verbrauchte Quittungsblocks kramt er bei der Bitte um einen Beleg aus der schmierigen Schublade unterm Tresen. Jeder davon besteht nur noch aus dem kartonierten Umschlag und einem zerknitterten Blatt Durchschlagpapier – kein Hinderungsgrund, sie nicht alle nach ergebnislos abgeschlossener Suche säuberlich wieder in die Schublade hineinzustapeln statt sie endlich in den Müll zu werfen.

Geführt wird die Tankstelle von einem dicken, unrasierten und wortkargen *Hispanic*. Trotzdem tanken alle lieber hier als beim einzigen Konkurrenten auf sechzig Meilen, der neuen Shell-Tankstelle am Ortseingang. Hier ist mehr Stimmung. Hier gibt es Gurken und der Preis für den Sprit ist gleich.

Ein Roadmovie am eigenen Leib: im Auto durch Gegenden, wo Texas noch Texas ist. Wo nur die leben, die mit Städten nichts anfangen können und Weite brauchen – XXL-Landschaften bis hinter den Horizont. Leben in dünn besiedelten Ge-

genden, wo jeder sein eigener Herr und sein eigenes Gesetz ist. Wo ein kleines Grundstück einen Quadratkilometer misst. Ein Land, wo angenehm verschrobene Typen die Regel sind. Auf Spurensuche im Wilden Westen: Was ist geblieben vom Cowboytraum, wie funktioniert der Alltag? Wer lebt hier? Und gibt es an jeder Tankstelle Gurken?

Calvin Means gibt als Beruf schlicht Cowboy an und zaubert prompt eine entsprechend lautende Visitenkarte aus der Brusttasche seines Karohemds. Wer ihn sieht, nimmt ihm den Job gerne ab. Nur allzu genau entspricht er dem Klischee: schwarzer Vollbart mit grauen Ecken, ledrige, braun gebrannte Haut, kräftige Hände, breite Schultern, dazu ein staubiger Hut, Jeans, Lederstiefel. Calvin zieht mit einem einspännigen Planwagen voller Töpfe durch den Wilden Westen, verdingt sich meist als Koch und bereitet am Lagerfeuer zünftige Mahlzeiten für Touristengruppen oder Filmteams zu, die hier drehen und ihn »gebucht« haben.

Diesen Abend hat er seine rustikale Feldküche im Hof des Gage Hotel in Marathon aufgebaut und brutzelt dort Köstlichkeiten für eine Gruppe Autoverkäufer, die von ihrer Firma hierher zur Präsentation neuer Modelle eingeladen wurden. Der Kontrast könnte kaum größer sein: Calvins Planwagen eingerahmt von zwei Dutzend auf Hochglanz polierter Porsche-Sportwagen.

Seine Spezialität sind mit Kirschen gefüllte Pfannkuchen, die er in gusseisernen Pfannen mit Deckel direkt in der Lagerfeuerglut brät. Das schmeckt am Ende eines langen Tages nach Abenteuer und Wildnis. Calvin packt die Gitarre aus

und singt Countrysongs vom »Lonesome Cowboy«. Und wenn sich dann noch die Sterne ans Firmament geschlichen haben, träumt man sich in eine andere Zeit davon.

Je mehr sich das Auge an die Dunkelheit der Nacht hier draußen ganz ohne Straßenbeleuchtung, ohne Neonreklamen, ohne Licht abstrahlende Wohnblöcke gewöhnt hat, desto mehr Sterne erscheinen – als würde der Nachthimmel mit einem Dimmer langsam heller gedreht. Kein Laut. Absolute Stille. Eine sonderbare Atmosphäre ganz ohne Gruselstimmung. Nur unglaublich, unglaubwürdig. Und unwahrscheinlich beruhigend. So sanft und friedlich, dass man glaubt, von nirgendwoher könnte je Gefahr drohen.

In den rustikalen Zimmern des alten Cowboyhotels duftet es nach Leder. Brandzeichen zieren die Bezüge der Stühle. Peitsche und breitkrempiger Henry-Stetson hängen an der Wand. Als ob die Zeit zurückgedreht worden sei. Und ab und zu trägt der Wind noch ein paar Fetzen von Calvin Means' Gesängen herüber, vom »Lonesome Cowboy« am Lagerfeuer.

Monika Ramirez hat weniger Zeit zum Träumen. Sie muss sich mit Alltagsärger herumschlagen und hat ein Schild an die Tür ihres kleinen Supermarkts geklebt, wonach immer nur drei Schüler zugleich im Laden sein dürfen. Sonst wird es ihr zu wuselig: »Die quatschen sonst alle durcheinander oder klauen womöglich was. Maximal drei von diesen Wieseln hab ich immer im Blick – auch wenn gerade andere Kunden da sind.« Sie lacht. Monika ist das, was man nicht ohne Respekt ein »Flintenweib« nennt.

Gegen Massenaufläufe – und das sind offenbar alle Versammlungen mit mehr als einer Hand voll Personen – hat man in Marathon etwas. In der bald 120-jährigen Geschichte des Ortes im Süden von Texas haben sich hier nie zeitgleich allzu viele Menschen herumgetrieben. Und es scheinen ohnehin eher weniger zu werden. Fremde machen allenfalls auf der Durchreise kurz Station, wenn sie auf dem Weg in den Big-Bend-Nationalpark sind, der vierzig Meilen von hier beginnt.

Das Nachbarhaus des Supermarkts steht zum Verkauf, wobei auch am »For sale«-Schild bereits der Zahn der Zeit, unterstützt von allerlei Getier, nagt. Andere Häuser sind längst Ruinen. In Marathon hält es nur wenige ein ganzes Leben.

Auf der Landkarte sind die Orte zwischen Del Rio im Osten und Alpine im Westen alle gleich groß: Langtry, Dryden, Sanderson. Hat man sie erreicht, ist die Ernüchterung gewaltig – erst recht, wenn der Sprit im Tank langsam zur Neige geht und man auf eine funktionierende Zapfsäule gehofft hat. Gut jedenfalls, dass es in Marathon den Mann mit den Gurken und den überteuerten Gallonen gibt. Das ausgemergelte Auto dankt.

Schusswaffen sind nicht gern gesehen in Marathon. Das Piktogramm eines durchgestrichenen Colts verbietet das Betreten der Tankstelle mit entsprechender Artillerie im Reisegepäck. Dasselbe gilt fürs Hotel, fürs Postamt, Monikas Supermarkt und das einzige Restaurant, dessen feurige Südwestküche selbst die Gourmets der umliegenden Weltstädte anlockt. »Das war große Klasse – super Küche«, lobt eine füllige Mittfünfzigerin die irritierte Kellnerin beim Abräumen. »Und wir

können es beurteilen, denn wir kommen aus der Stadt«, ergänzt sie. »Aus Del Rio!« Sie werden es wissen, denn immerhin gibt es dort McDonald's, Burger King, Taco Bell und Kentucky Fried Chicken. Die Kellnerin nickt beiläufig und setzt ein Lächeln auf, vor dem jeder Präriefuchs Reißaus nehmen würde.

Überproportional ist in Marathon der Antiquitätenhandel vertreten: mit zwei Geschäften in bester Lage direkt an der Ortsdurchfahrt. Zwei mehr als die Bankbranche, als Bäcker, Schlachter, Blumenhändler. Offenbar erwartet man so etwas in diesem Ort. Und tatsächlich: Die Auswahl ist groß, die Qualität gut. Verkaufsschlager ist indianischer Schmuck. Kenner und Sammler nehmen dafür den weiten Weg ins Nichts in Kauf und manchmal müssen sie ein Hotelzimmer mieten und sich in Geduld üben, denn nur in unregelmäßigen Abständen baut sich ein Acoma-Indianer aus New Mexico mit seinem Verkaufsstand am Straßenrand auf. Auf ihn warten alle. Er hat immer wunderschöne Stücke dabei und ist obendrein preiswert. Nur durchschaut niemand, wann er kommt – manchmal fünf Tage hintereinander, manchmal tage- oder wochenlang gar nicht. Niemand weiß, wo er dann ist. Niemand weiß, nach welchen Regeln er lebt.

Wahrscheinlich taucht er in den Weiten des Big-Bend-Nationalparks an einer lang gezogenen Schlaufe des Rio-Grande-Flusslaufes ab, wo sich viele heilige Stätten der Ureinwohner befinden.

»Du spürst hier die Energie der Zeit, als die Berge emporwuchsen und diese Canyons ausgespült wurden«, sagt Joe Sierra, ebenfalls ein India-

ner. »Du saugst hier die Kraft aus fünfhundert Millionen Jahren Erdgeschichte in dich auf. Du sitzt am Rande eines Abgrunds hoch oben in den Chinati Mountains, hast das Tal des Rio Grande zu deinen Füßen. Du hörst nichts als den Flügelschlag des Adlers hoch über dir und lässt die Gedanken vom Wind in die Weite der Landschaft davontragen. Ich muss dieses Land nicht besitzen, um es zu spüren.«

Joe Sierra ist in dieser Region an der Grenze zu Mexiko aufgewachsen, war Häuptling seines Stammes, ist heute oberster Richter in seinem Reservat bei El Paso und strahlt eine Würde aus, die kein Kinowestern vermitteln könnte. Gleichwohl hat Joe ständig mit Hollywood zu tun: Der 57-Jährige mit dem wettergegerbten Gesicht arbeitet als Film-Location-Scout und sucht im einstigen Indianerland am Rio Grande nach den besten Drehorten für neue Filmproduktionen – zuletzt für Aufnahmen mit Bruce Willis und Nicholas Cage und immer ganz nach den Vorgaben der Regisseure: eine Geisterstadt direkt am Fluss, eine einsame Ranch, gewaltige rote Canyons als Kulisse für ein Wild-West-Epos, Wasserfälle für einen Abenteuerfilm oder ein Kulissendorf, durch das schon John Wayne stapfte – für Joe alles kein Problem.

Hat er gerade keinen Auftrag, dann zieht es ihn in die Berge des Big-Bend-Nationalparks am Rio Grande, wo er an den heiligen Stätten seiner Vorfahren meditieren und beten kann. An Plätzen, die sein Geheimnis sind. Orte, die kein Wanderer findet. Stellen, die er auch einer Filmcrew nicht preisgeben würde. »Mir ist es wichtiger, hier

den Grashalmen im Wind zuzusehen als anderswo dem Geld hinterherzuhecheln. Dies hier ist meine Welt. Die Natur. Die skurrilen, sympathischen Kaffs von Südtexas. Die Menschen. Hier bin ich richtig.«

So karg und wüstenhaft die Landschaft des 3240 Quadratkilometer großen Big-Bend-Nationalparks bei Tag wirkt, so lebendig wird sie in der Dämmerung. Wildschweine rotten sich am Straßenrand zusammen, Hirsche stolzieren über das Asphaltband, Kojoten drücken sich abseits der Campingplätze im dürren Gestrüpp herum. »Ich fühle mich hier niemals einsam«, sagt Joe. »Irgendwer oder irgendetwas hat dich immer schon gesehen und beobachtet dich, bevor du es überhaupt wahrgenommen hast. Es verfolgt jeden deiner Schritte. Es warnt andere und bleibt für dich ungesehen.«

Im Westen grenzt die Geisterstadt Terlingua an den Big-Bend-Nationalpark und führt diesen Status sogar im Namen. Selbst das Ortsschild lautet »Terlingua Ghost Town«. Das klingt so skurril, dass es inzwischen nicht mehr stimmt. Die ersten Aussteiger sind nach Terlingua gezogen und beleben die Ruinen. Sogar eine kleine Kneipe hat bereits eröffnet.

Und sechzig Meilen weiter in Presidio gibt es sogar wieder eine Tankstelle. Der Hund im kleinen Kassenhäuschen wacht immer erst auf, wenn die schwere Tür mit Donnerkrachen ins Schloss fällt, und bellt, wenn alles vorbei ist. Auf dem T-Shirt der Kassiererin prangt der Schriftzug »God bless Cowgirls and America«.

Jeder tritt Jimmy Bowen mit Respekt entge-

gen: Der Mann ist Ende sechzig, Rancher durch und durch, für seine Mitarbeiter oberster Cowboy, Vaterfigur, ihr Ideal, Kumpel für die Älteren, fast ein Heiliger für die Jüngeren. Bowen ist Herr über ein paar tausend Rinder und 355 Quadratkilometer Land im Südosten von Texas – mehr als das Eineinhalbfache der Mittelmeerinsel Malta, die immerhin ein souveräner Staat ist.

Sein Enkel antwortet ihm mit »Yes, Sir« und spricht von ihm als »Mr. Bowen«, nicht als Jimmy, nicht als Grandpa. Sein treuester Mitarbeiter Dean ist da etwas vertraulicher: Er darf »Mister B.« zu ihm sagen. Jimmy Bowen aus El Paso ist ein lebender Mythos. Er verkörpert das alte Texas, die Ideale vergangener Cowboytage: Loyalität, Integrität, Freiheitsliebe. »Lieber verliere ich bei einem Geschäft Geld«, sagt er, »als dass ich mein Wort breche.«

Kürzlich erst sorgte er für Schlagzeilen in der Lokalpresse: Bowen fuhr auf dem Interstate zufällig hinter einem Tanklaster, als dieser in den Graben raste und jeden Moment zu explodieren drohte. Bowen rannte zum Führerhaus, befreite den schwer verletzten Fahrer, schleppte ihn aus der Gefahrenzone. Sekunden später flog der Laster in die Luft. Einzige Äußerung Bowens zu dem Vorfall: »It was not my idea of fun, but I had no choice.« – »Das entsprach nicht meiner Vorstellung von Spaß, aber ich hatte keine Wahl.« Und: »Jeder hätte so gehandelt.«

Mister B.s Vorfahren zählten zu den ersten Einwanderern in dieser Region, arrangierten sich mit den Indianern, begannen mit der Rinderwirtschaft. Viel von der Cowboyromantik alter Tage

ist auf der Bowen Ranch bis heute erhalten geblieben: »Du kannst diesen Job nicht durch Maschinen ersetzen. So lange es Rinderherden in Texas gibt, so lange wird es hier Cowboys geben. Und wenn du Cowboy bist, musst du das Herz auf dem richtigen Fleck haben. Großmäuler, die nicht für andere einstehen, können wir hier nicht gebrauchen.«

Jimmy Bowen brutzelt in der winzigen Küche des Ranchhauses, das mal Postkutschenstation war, für seine Kumpel feurige Enchilladas mit Käse und reichlich Chili. Die anderen sitzen währenddessen draußen am Lagerfeuer, erzählen Geschichten, feiern. Einer fängt mit dem Lasso eine Bierdose, die auf einem Holzpflock steht. »Cowboy«, sagt er mit rauchiger Stimme, »ist kein Job, sondern ein Lebensstil. Und manch einer würde viel Geld dafür bezahlen, so leben zu dürfen.«

Dean erzählt, wie er Cowboy wurde: »Nun, ich fand diesen Hut, setzte ihn auf und dachte mir: Das ist es!« Dass es in Wirklichkeit ganz anders war, interessiert in der Lagerfeuerrunde niemanden. Deans Version der Geschichte klingt schöner als jede Wahrheit. Nachwuchssorgen haben die Rancher nicht: »Jeder amerikanische Junge will Cowboy werden.«

Zehn Stunden eines Tages verbringt Jimmy Bowen im Sattel und sitzt er mal im Auto, dann läuft eine Kassette mit Musik des texanischen Cowboypoeten Red Steagall aus Fort Worth – Songs, die nach weiten Weiden, nach Kameradschaft und nach Lagerfeuerromantik klingen, Lieder, die von Texas schwärmen. »Home is, where

my heart is. And this place is, where my heart is.« Jimmys linker Fuß wippt im Rhythmus mit. Die Sporen seiner Lederstiefel, die am Schaft dasselbe »JB«-Brandzeichen tragen wie seine Rinder, klimpern, als sollten sie die zünftige Instrumentation der Songs sein. Hier passt her, was anderswo aufgesetzt wirken würde. In Texas lebt der Wilde Westen. »Wenn ich die Augen schließe«, sagt Bowen, »dann rieche ich den Rauch eines Lagerfeuers. Das ist die Welt, in die ich gehöre.«

Vom Interstate 10 bleibt der Cowboytraum ausgesperrt. An der Auffahrt warnt ein Verbotsschild »No animal driven vehicles permitted on the Interstate«. Pferdefuhrwerke auf der Autobahn verboten. In Texas liegen Vergangenheit und Gegenwart noch nicht so weit auseinander, dass man auf dieses Zeichen verzichten könnte.

Auf den Gipfeln von Gondwana

Seychellen-Insel Frégate: Bergspitze eines versunkenen Kontinents

Der Mond spiegelt sich im Champagnerglas auf der Veranda der Pirate's Bar. Sterne schleichen sich ans Firmament. Die Luft ist süßlich und warm, leichter Wind zieht auf. Leise klingt Chopin aus versteckten Boxen und mischt sich mit dem Rauschen der Wellen des Indischen Ozeans. An der Küste der Seychellen-Insel Frégate entlang gleitet ein Segelboot zurück in den schützenden Hafen. Niederschlag ist vorhergesagt – wie fast jede Nacht.

In Minuten wird ein Vorhang aus dicken Wolken vor die Sterne gezogen sein. Und urplötzlich wird der Tropenregen lospeitschen, als wollte er das Dach aus Bambus und Reet durchschlagen. Sturm wird an den Palmenwipfeln zerren und fegen, als habe er vor jedes einzelne Haus mitzunehmen. Das hölzerne »Do not disturb«-Schild wird vom auffrischenden Wind hin- und hergeschlagen werden, gegen das Mahagonitürblatt poltern wie der Gong zum nächsten Teil der gewaltigen Inszenierung, die hier auf dem Spielplan steht. Tropenträume heißt das Stück, Nachtlaunen der zweite Akt.

Blitze werden zucken und Donner wird über dem Ozean grollen, als sollte das Paradies in dieser Nacht mit urzeitlichem Lärm wieder im Meer

versinken. Ein paar Minuten später ist der Spuk regelmäßig wieder vorbei und die Welt doch nicht untergegangen. Und noch ein paar Stunden später wird die Sonne wieder unschuldig am Himmel stehen. Bei Tagesanbruch haben sich die Launen der Natur stets wieder verzogen. Diese Eindringlinge dürfen nur bei Nacht einen Blick ins Paradies werfen. Tagsüber sind Unwetter auf der Seychellen-Privatinsel Frégate unerwünscht – und halten sich diskret an das Hausverbot. Kein Wölkchen mehr am siebten Himmel.

Schön, dass es die Unwetter gibt. Sie machen die Kehrseite glaubwürdiger. Ohne den nächtlichen Regen wäre alles zu perfekt, zu schön, zu sehr wie aus dem Bilderbuch. Jeder Satz wäre eine einzige Umarmung der Trauminsel, jede Beschreibung so zweifelhaft überschwänglich. Frégate ist das Paradies, ist einer der letzten Gipfel des vor Jahrmillionen im Indischen Ozean versunkenen legendären Urkontinents Gondwana. Eine Insel aus schillerndem Granit und Puderzucker, aus Kokospalmenwäldern und dem verführerischen Duft von Ylang-Ylang und Frangipani-Blüten. Frühaufsteher tauchen ab im privaten Whirlpool auf ihrer Terrasse vorm Haus, rekeln sich im Schatten auf dem eigenen weißen Baldachinbett am Pool, lassen die Gedanken auf den türkisblauen Wellen um die Insel reisen, die zu den exklusivsten Ferienverstecken der Welt gehört: komplett in Privatbesitz, komplett unter Schutz gestellt und einzig den Gästen des edlen Inselhotels vorbehalten. Tagesbesucher sind nicht zugelassen. Das Eiland ist Fluchtpunkt im Nirgendwo für all jene, die sich diesen Luxus leisten können.

Sie wohnen in sechzehn Villen – jede rund zweihundert Quadratmeter groß, jede mit fernöstlich inspirierter Einrichtung aus edlen Hölzern, mit Himmelbett und Wohlfühlbad, keine von einer anderen aus einsehbar, jede für sich eine Oase vollständiger Privatheit. Kokospalmen formen den Vorhang, hinter dem der Alltag weggesperrt wird. Das Paradies hat eine Adresse: 4 Grad, 36 Minuten und 20 Sekunden südlicher Breite und 55 Grad, 54 Minuten und 40 Sekunden östlicher Länge. Für einen Weltatlas ist die Insel zu klein. Sie bringt es nur auf dreieinhalb Quadratkilometer.

Robinson könnte hier ein Leben in Luxus und tropischer Gelassenheit führen, könnte sich aussuchen, in welchem von zwei Restaurants er essen möchte – beide wiederum ausschließlich den Hotelgästen vorbehalten. Er könnte mit seinem Golfkart über die Insel surren, könnte an den schönsten Stränden der Welt baden, an Anse Maquerau oder der Anse Victorin, könnte den feinen Sand zwischen den Fingern hindurchrinnen lassen, während die ausrollenden Wellen über seine Füße gleiten. Er würde wissen: So fühlt sich Urlaub an. Und er könnte sich Champagner direkt an den Liegestuhl an der Anse Bambous bringen lassen. Trotzdem hinkt der Vergleich, denn Robinson wollte nach Hause, weg von seiner Insel, Tropen und Traumstrände hinter sich lassen. Hier ist das umgekehrt. Die Robinsons der Gegenwart kommen freiwillig, könnten überallhin und wollen ausgerechnet hierher. Und am liebsten nie wieder weg.

Hollywood hat die Insel inzwischen entdeckt – als Oase der Stille fernab vom Rummel, als letz-

ten Hort völliger Privatheit. Ohne Fangetümmel, ohne Autogrammwünsche, ohne Paparazzi. Brad Pitt war dort. Claudia Schiffer kam mit Freunden und blieb eine Woche. Sie mietete die komplette Insel. Viele weitere Prominente aus Film- und Showgeschäft kommen nach Frégate, dazu Großindustrielle und Superreiche. Über ihre Namen ist der weite Mantel der Diskretion gebreitet.

Gäste schweben oft mit dem eigenen Privatjet aus Übersee auf dem internationalen Flughafen der Seychellen-Hauptinsel Mahé ein, steigen dann um in Twinotter-Propellermaschinen oder den Helikopter zum 15-Minuten-Himmelsritt hinüber nach Frégate, wo die Maschinen auf einer Graspiste beim Hafen heruntergehen, lächelnde Gesichter die Gäste willkommen heißen, helfende Hände das Gepäck verladen und zu den Villen geschafft haben, noch ehe die Neuankömmlinge ihre Quartiere das erste Mal betreten.

Linienverbindungen nach Frégate gibt es nicht – weder per Flugzeug noch per Schiff. Ein einziges Mal nur wurde einem »fremden« Boot kurzfristig gestattet die Insel anzulaufen. An Bord weilte die schwedische Königsfamilie und bat darum, am Strand von Frégate picknicken zu dürfen …

1800 US-Dollar kostet die Nacht auf Frégate – der Eintrittspreis fürs Paradies. Mehr als jene sechzehn Villen will der Besitzer des Eilands nicht zulassen, um nicht stärker in die Natur einzugreifen.

Rund dreißig Millionen Dollar hat eine deutsch-belgische Investorengruppe in das Hotelprojekt am Ende der Welt gepumpt. Achtzig Mit-

arbeiter kümmern sich um das Wohl der Luxusurlauber – sei es direkt im Hotel, sei es in der angeschlossenen Plantage, auf der alles angebaut wird, was die Hotelküche benötigt. Jeder der Bediensteten hat dieses Tropenlächeln auf den Lippen, jeder grüßt, jeder fragt: »How are you?«, und meint es auch so. Nichts wirkt antrainiert, alles aufrichtig.

Autos gibt es auf Frégate ebenso wenig wie Siedlungen oder gar Dörfer. Gäste sind mit geräuscharmen Golfkarts auf vier Kilometer befestigten Wegen unterwegs – auch Ex-Formel 1-Weltmeister Keke Rosberg, der zu den ersten Besuchern des im Oktober 1998 eröffneten Hotels gehörte.

Mit dem Hubschrauber sind an diesem Morgen neue Gäste eingetroffen – Models für eine Fotoproduktion der russischen *Vogue*-Ausgabe. Zum Auftakt fotografieren sich die jungen Mädchen in wehenden Kleidern und mit weißen Tropenhüten gegenseitig: am Pool, unter den großen Kokospalmen, am Strand der Anse Maquerau. Sie passen so perfekt in die Kulisse, dass Ian Fleming sie nicht besser hätte erfinden können. Bond-Girls auf Frégate.

Zu Beginn der fünfziger Jahre ist der geistige Vater des Superagenten 007 auf Frégate gewesen und hat sich am Strand der Bucht Anse Victorin den Helden seines 1953 veröffentlichten Thriller-Erstlings »Casino Royal« einfallen lassen – jenen Weltmeister im Genießen des Lebens, der seit inzwischen über dreißig Jahren als James Bond mit Charme und durchgeladener Pistole über die Kinoleinwände dieser Welt hetzt. Jenen Helden, der gleichzeitig küssen und die Welt retten kann.

Schwierig dürfte das nicht gewesen sein. Was sonst sollte einem Schriftsteller hier einfallen, wenn nicht spannende Storys aus dem Jetset-Leben mit schönen Frauen und einer kräftigen Prise Draufgängertum – Storys in genau der richtigen Mischung aus Abenteuer und Luxusleben.

Fleming musste bloß vom Liegestuhl aufschauen, musste sich satt sehen an dieser Kulisse, die Augen schließen und wenig später aufschreiben, was er träumte. Nur für Action-Sequenzen liefert Frégate nicht die richtige Inspiration. Sie werden ihm anderswo eingefallen sein. Und als ob sich ein Kreis schließen sollte, machte inzwischen Bond-Darsteller Pierce Brosnan Urlaub auf Frégate. Mit Familie. Vier Villen hatte er gemietet. Unmittelbar nach Abschluss der Dreharbeiten zum bislang letzten Kinoabenteuer von 007.

Nachmittags um drei trägt eine Welle die Urzeit zurück an den Strand der Grand-Anse-Bucht an der Westküste: Ein schwerer Panzer aus der Zeit, als die ersten Meerestiere den Schritt an Land wagten und die Natur Säugetiere noch nicht erfunden hatte. Vier ledrige Beine gleiten auf den weißen Sand, schleppen den Körper ins Gras, beginnen mühsam eine Grube auszuheben. Irgendwann gleiten dutzendweise Eier in den Sand. Wie seit Millionen von Jahren. Wie damals, als es den Urkontinent Gondwanaland noch gab, der vor ungezählten Jahrtausenden dort versank, wo heute der Indische Ozean ist. Seine höchsten Erhebungen ragen noch aus dem Wasser – urzeitliche Inseln mit einzigartiger Flora und Fauna: die Seychellen.

Normalerweise kommen Wasserschildkröten

bei Nacht an Land, um ihre Eier zu legen. Auf den Seychellen tun sie es bei Tag. Natürliche Feinde haben sie dort nicht zu befürchten. Menschen sind Zaungäste dieses Ereignisses. Und weil es sich seit ewigen Zeiten in einem nie unterbrochenen Kreislauf wiederholt, lange bevor die Schöpfung den Menschen erdachte und er begann den Planeten zu erobern, deswegen ergreift es die Zufallszuschauer an diesem Nachmittag auf Frégate. Eigentlich hatten sie beim Beachbarbecue zusammengesessen und über Ian Fleming fabuliert. Plötzlich spricht niemand mehr. Andächtige Stille, seit der Gruß aus der Urzeit auf den Gipfeln von Gondwana angeschwemmt wurde.

Die kleine Insel ist so etwas wie die Arche Noah der Seychellen. Weltweit nur noch hier ist der Magpie Robin zu Hause – eine Singvogelart, von der weniger als dreißig Exemplare die Zeiten überstanden haben. Zwei Vogelkundler stehen auf der Gehaltsliste des Hotels und sorgen nahezu rund um die Uhr für die vom Aussterben bedrohten Tiere. Ein gutes Dutzend Pflanzenarten gibt es weltweit nur noch hier – und auch das oft nur in weniger als zehn Exemplaren. Botaniker Steve Hill aus Südafrika bemüht sich mit endloser Geduld und in immer neuen Versuchen in seiner »Pflanzen-Krankenstation« um ihren Erhalt und im zweiten Schritt um die Vermehrung.

Fleming war noch nicht geboren und die Schildkröten kamen bereits seit Millionen von Jahren – da entdeckten Piraten um Olivier Levasseur die Insel als Unterschlupf. Nach seinem millionenschweren Schatz wird noch heute gesucht, und viele vermuten ihn auf Frégate. Tatsächlich

wurden beim Bau des Hotels einige Goldmünzen und ein Silbergürtel gefunden. Immer wieder tauchen bei Erdarbeiten auf den Seychellen vergrabene Piratenschätze auf – die wenigsten offiziell, denn die Seychellen-Regierung erhebt eine neunzigprozentige Steuer auf Schatzfunde.

Von den Fremden auf der Insel gräbt keiner. Sie haben ihren Schatz bereits gefunden – über der Erde. Grün, palmengespickt, von Puderzuckerstränden umgeben. Er heißt Frégate, liegt auf 4 Grad, 36 Minuten und 20 Sekunden südlicher Breite und 55 Grad, 54 Minuten und 40 Sekunden östlicher Läng und ist einer der letzten Gipfel von Gondwanaland.

Mit einer PS durch die Wildnis

Schweden: mit Pferd und Wagen durch die Wälder der Region Dalarna

Wenn die Glut des Lagerfeuers erloschen ist, sieht man die eigene Hand nicht mehr vor Augen. Hört nur noch das Rauschen der Tannen. Und das Malmen von Heu. Pferdedame Lovina frisst, wann immer sie stillsteht. Weil Fressen viel schöner ist als Schlafen – auch im Dunkeln mitten in den einsamen Wäldern der schwedischen Region Dalarna. Fressen ist die Belohnung, denn tagsüber ist Lovina im Einsatz und zieht einen Planwagen auf schmalen Waldwegen durch die Wildnis. Camperurlaub der anderen Art: mit Pferd und Wagen durch Mittelschweden, mit einer PS und durchschnittlich zweieinhalb Stundenkilometern durch das Land der Bären, Wölfe und Elche.

In der Nacht hat sich Tau auf das Dach des Planwagens gelegt. Erst gegen fünf Uhr früh ist es kühl auf der Pritsche geworden. Und spätestens um sieben Uhr kommt die Sonne wieder heraus und trocknet die Feuchtigkeit auf. Ein Kuckuck ruft und irgendwo aus dem Wald heraus grölt ein Elch dem Morgen entgegen. Regt sich etwas und schaut ein Kopf schläfrig aus dem Planwagen hervor, dann wiehert die Fjordpferd-Stute Lovina freudig. Wacht ihr Mensch auf, könnte es ja etwas zu futtern geben – statt Heu diesmal vielleicht den Frühstückshafer aus der Vorratsbox am Heck

der Kutsche. Der schmeckt besser, weil er streng rationiert ist. Und toll dick macht. Die Pferdedame ist mit Begeisterung dick und hat deshalb mehr Spaß am Langsamfahren als am Trimmtrab, mehr Freude am Rasten als am Vorwärtskommen.

Lovina hat strandsandfarbenes Fell, eine schwarz abgesetzte Mähne, ist einundzwanzig Jahre alt, hat acht Fohlen zur Welt gebracht und ist seit fünfzehn Jahren als Kutschpferd im Einsatz. Insgesamt achtzehn Pferde arbeiten für Svante Inemyr, der die Idee hatte, einen Planwagenverleih in der Wildnis aufzumachen – alles norwegische Fjordpferde, alle geduldig, friedfertig, kräftig, robust. Und dickköpfig. Alle von klein auf an unterschiedliche Menschen und die Deichsel gewöhnt. Widerspruchsfrei lassen sie sich von Laien ein- und ausspannen, lassen sich striegeln und die Hufe reinigen.

168 Quadratkilometer misst das Fahrtgebiet der Gelegenheitskutscher nordwestlich der Kleinstadt Mora, gut vierzig Kilometer Luftlinie vom Siljan-See entfernt. Die meisten Sandwege hier sind als Holzfällerpisten entstanden. Asphalt ist so selten wie die Begegnung mit einem Auto. Nur ein winziger Ort liegt im Fahrtgebiet der Planwagen – Rosentorp, ein Dorf mit acht Einwohnern, von denen fünf so betagt sind, dass sie nicht mehr allzu oft ihr Haus verlassen und noch seltener ins Auto steigen.

Vor der Abfahrt vom Hof der Kutschenverleiher im Achtzehn-Einwohner-Ort Torsmo gibt es eine kurze Einweisung in die Handhabung des Wagens und eine längere in Pferdeführung und -pflege. Das ist stets der Moment, in dem Lovina

so tut, als würde sie immer artig all das machen, was man von ihr verlangt. Sie weiß genau, wann der heimatliche Hof nach der ersten Kurve außer Sichtweite gerät, Frauchen Anna Järnerot – Svantes Lebensgefährtin – hinterm Tor verschwunden ist und nicht mehr mitbekommt, dass Lovina das Tempo prompt halbiert und demnächst einen dringenden Malmstopp einzulegen gedenkt …

Weit fahren muss niemand, um in der Wildnis anzukommen. Sie beginnt direkt vorm Tor des Hofes: sanfte Hügel, von der Eiszeit polierter Granit zwischen hellgrün schillernden Moosen, irgendwo am Horizont ein See, davor Tannenwipfel, die im Sommerwind Swing tanzen.

Unterwegs entscheidet Lovina über das Tempo: hier ein dickköpfiger Stopp an einem Grasbüschel, dort eine ausgedehnte Trinkpause am Bach. Wenn sich kein für Lovinas Menschen verständlicher Grund zum Stehenbleiben konstruieren lässt, ist das nicht schlimm. Dann stoppt sie eben auf offener Strecke einfach so, wiehert kurz und will nicht mehr. Anschieben hilft wenig, zureden auch nicht und die Peitsche ist ohnehin abgeschafft. Spätestens am zweiten Reisetag hat Lovina ihre Menschen dressiert und ihnen beigebracht: Als Pferd bist du im Vorteil. Als Pferd hast du das Sagen, denn du bist an deinem Wagen Zündschlüssel und Kupplung zugleich. Du bist Gaspedal und Bremse. Und du bist das Navigationssystem.

Wo die Schilder an den Waldweggabelungen im dünn besiedelten Mittelschweden fehlen und die Landkarte unklar ist, kennt nur Lovina den Weg. Sie weiß den Rundkurs der Planwagenteilzeitaussteiger in Dalarna auswendig, ist mit allen

vorbereiteten Rastplätzen an den Seen, den Heuvorratslagern, den Feuerstellen vertraut. Und den Abkürzungen dorthin. Sie ist die alte Trapperin, die die Gegend wie ihre Satteltasche kennt.

Die Menschen auf dem Kutschbock kontrollieren nur das Lenkrad, das in diesem Fall Zügel heißt und durch leichtes Zerren in die eine oder andere Richtung die Bitte um einen Kurswechsel an Lovinas Dickkopf überträgt. Willig ist die rüstige Pferdedame dann, wenn sie die Richtungsänderung irgendwie mit Hoffnung auf Malmen verbindet – oder die ahnungslosen Menschen ausgerechnet in einen Waldweg einbiegen wollen, der zufällig die Entfernung zum nächsten Heuvorratslager halbiert.

Bis zu zehn Planwagen sind im Sommer für Svante auf der hundertzehn Kilometer langen Strecke quer durch Birken- und Nadelwälder unterwegs – jeder etwa vier Meter lang und weniger als eineinhalb Meter breit, jeder mit einem Brett als Kutschbock, mit zwei Pritschen, unter denen sich Stauraum für Koffer oder Rucksack, für Schlafsäcke und Vorräte verbirgt.

In Ablagen unterm Wagenboden fährt das Vorratsheu mit, dazu Töpfe, Pfannen und Gaskocher, ein Campingtisch, zwei Klappstühle, außerdem ein Spaten als improvisierte Toilettenspülung für die kurzen Abstecher ins Unterholz. Der Komfort geht gegen Null, der Erlebniswert ist kaum zu übertreffen.

Viel mehr als fünfzehn bis zwanzig Kilometer am Tag mutet niemand seinem Pferd zu, denn die Reise soll gemächlich, der Weg das Ziel sein: Job-Hauptgewinn für ein Tier, das mit Vorliebe her-

umsteht und frisst. Und so auch noch herumkommt, Land und Leute kennen lernt, andere Pferde trifft. Und an ihren Äppeln schnuppern kann.

Pferdehinterlassenschaften auf der Straße sind Lovina eine Vollbremsung wert. Sie schnüffelt in solchen Momenten ausgiebig und wiehert begeistert über den klumpigen Gruß von Freunden und Verwandten. Noch größer ist die Begeisterung nur, wenn Gegenverkehr naht: eine andere Kutsche mit Pferdefreund oder -freundin im Geschirr zum Beispiel. Fröhliches Wiehern, sobald Sichtkontakt besteht – Huhu-Rufe von Kutschpferd zu Kutschpferd.

Auch was unter »naturnnahem Reisen« zu verstehen ist, wird schnell klar. Auf dem Kutschbock hinter dem Pferd bekommt der Begriff »Fahrtwind« eine völlig neue Dimension, denn Lovina lässt einiges davon fahren. Böse sein kann man ihr deswegen nicht. Wer viel malmt, der muss viel Gas ablassen.

Anfangs hat das ein paar Schritte vom Nachtlager entfernte Wildnisbadezimmer gestört, später die harmonische Gutenachtmusik geliefert: Der Wildbach im Gebüsch rauscht wie eine viel befahrene Autobahn, an deren Seitenstreifen man die Zähne putzt, sich wäscht, manchmal badet. Zu Hause wird sich das später umkehren und die dortige Autobahn wird rauschen wie ein kristallklarer schwedischer Wildbach. Hoffentlich.

Gegessen wird am Lagerfeuer, übernachtet im Schlafsack auf der Pritsche oder – je nach Witterung – unterm Sternenhimmel. Glimmende Lichter am gegenüberliegenden Seeufer sind der Be-

weis dafür, dass es auch anderswo noch Menschen gibt. Ihre Lagerfeuer funkeln in der Ferne. Später zieht Nebel auf, als würde ein Vorhang vor den Wald gezogen.

Lovina schläft im Stehen mit den Hufen im Heu – damit sie ganz nah dran ist, falls nachts jemand überraschend Nachschub dazulegen sollte. Morgens linst sie immer wieder am Heck der Kutsche vorbei Richtung Frühstücksklapptisch ihrer Menschen, um sicherzugehen, dass ihre Fütterer noch da sind und sie nicht auf einem abgelegenem Rastplatz am Stordammen-See verhungern lassen.

»Im Wald hier leben Trolle, aber das sind auch nur Menschen«, plaudert Uwe drauflos. Er ist der Fahrer der Bäckerei in Rosentorp. Frühmorgens schwärmt er aus und beliefert die Wildnissiedler im Umkreis von fünfzig Kilometern mit frischen Brötchen. Sein Wagen ist stets der erste auf der Straße durch den Wald bei Slättberg und manchmal dauert es bis mittags, ehe ein zweites Auto den Weg kreuzt.

Diesen Morgen hat Uwe neben dem Planwagen gestoppt und ein paar Kronen zusätzlich verdient: acht Brötchen wechseln den Besitzer. Und ein paar Worte. »Elche könnt ihr hier auf der Straße oft sehen, Wölfe extrem selten, mit viel Glück einen der 150 Bären Dalarnas, die Trolle nur bei Nacht.« Er blinzelt mit dem linken Auge. »Wesen des Waldes sind vorgewarnt. Noch bevor ihr sie wahrnehmt, hat irgendein Vogel die Nachricht weitergegeben, dass ihr euch nähert.«

Es dauert ein paar Tage, bis Städter vollständig auf die Wildnis umschalten, auf Vogelstim-

men, bis sie die Melodie im Knirschen des Sandes unter den Rädern des Wagens wahrnehmen, den Rhythmus beim Klappern der Hufe. Wenn es wenig zu hören gibt, werden die Sinne wacher, wird die Seele umso entspannter.

Lovina ist ganz Pferde-Grande-Dame und scheint es zu genießen, wenn ihr die Mähne gebürstet und das Fell geschrubbt wird. Sie ist eitel und will hübsch aussehen, wenn irgendwann wieder Gegenverkehr auftaucht und vielleicht mal ein sympathischer Hengst die andere Kutsche zieht.

Sie scheint zu schmunzeln, wenn ihre Menschen sie unterschätzen und bei einer Rast an der zu langen Leine festmachen. Sie schleicht dann Richtung Planwagen und hebelt mit der Nase die Haferbox am Heck auf, um heimlich Beute zu machen. Svante Inemyr lacht später darüber: »Ja, ja, einige der Pferde haben den Trick raus und wissen, wie der Schließmechanismus funktioniert. Ich werde einen zusätzlichen Riegel anbauen müssen …« Er klopft auf Lovinas dicken Bauch – den unverkennbaren Beweis für ihre Lieblingsbeschäftigung. Und dafür, dass sie den Trick mit der Haferklappe beherrscht.

Es dauert lange, bis Wildnisreisende wieder zu Städtern werden. Und es ist schwierig, plötzlich wieder ohne Lovina auszukommen. Und langweilig ist es, ein paar Dutzend überhaupt nicht eigensinnige PS per Pedal zu bedienen, einfach so zu beschleunigen. Und gar nicht mehr unvermittelt zu stoppen. Zum Malmen.

In der Steinzeit geboren

Malaysia: bei den Orang Asli in den Cameron Highlands

Jim versteht die Welt nicht mehr. Die Regierung will sein Haus abreißen lassen. Dort, wo es jetzt steht und vor fünf Jahren gebaut wurde, steht es zu gefährlich. Erdrutsche könnten es mitsamt dem sandigen Urwaldboden in die Tiefe reißen – so wie im letzten Jahr die ganze Orang-Asli-Siedlung ein paar Kilometer weiter östlich. Damals rutschte auch ein Teil der kurvenreichen Hauptstraße zwischen dem Tiefland Westmalaysias und den Cameron Highlands mit ab.

Jim soll mit seiner Familie, mit drei Söhnen, ihren Frauen und zwölf Kindern und seiner eigenen Frau, achthundert Meter weiter in eine neue Siedlung ziehen – räumlich keine große Umstellung, aber stilistisch. Die neuen Häuser haben Wellblechwände, stabile Dächer gegen den heftigen tropischen Prasselregen. Sie wurden von der Regierung gebaut, sind nicht über die Jahre gewachsen. Sie sind nicht Jims Heimat.

Die alten Hütten sind aus Stroh, aus Palmwedeln, windschief und auf Stelzen gebaut, die in den Hang eingegraben sind. Noch haben sie jedem Wetter und jeder Naturkatastrophe standgehalten. Und wenn doch mal etwas kaputt ging, hat Jim es repariert. Irgendwann. Nie in Eile.

Die neuen Häuser sind ein Stück mehr Sess-

haftigkeit und genau das mag der vielleicht siebzigjährige Jim nicht. Die meiste Zeit seines Lebens war der kleinwüchsige, kraushaarige Mann nicht sesshaft. Orang Asli, die Ureinwohner des Dschungels der malaysischen Halbinsel, waren nie sesshaft. Und Jim ist einer von ihnen.

»Ursprüngliche Menschen« bedeutet das übersetzt. »Es klingt wie Orang-Utan«, sagen wenig sensible Touristen, die mit den Orang Asli in Kontakt kommen. Jim stört das nicht mal – auch nicht, wenn sie über ihren schlechten Scherz lachen. Ihm sind die rothaarigen Menschenaffen sympathisch. Auch sie leben im Urwald. Sie teilen sich denselben Lebensraum. Und auch von ihnen gibt es nur noch wenige. »Doch keiner versucht sie sesshaft zu machen«, sagt Jim. Jetzt ist er es, der lächelt. Zaghaft.

Natürlich heißt Jim nicht Jim, aber dieser Name ist einfacher, ist griffiger für Fremde. Orang-Asli-Namen kann kein Fremder aussprechen oder gar behalten und Jim kann sie nicht buchstabieren. Irgendwann fingen Fremde an, Jim zu ihm zu sagen. Das war unkompliziert und deshalb beließ er es dabei.

Die animistischen Orang Asli Malaysias unterteilen sich in mehrere Gruppen. Jim gehört zu den Semang, die sich wiederum in sechs Sprachgruppen aufspalten und von denen es nur noch etwa zweitausend gibt. Die hellhäutigen Senoi dagegen zählen schwankenden Angaben zufolge noch rund 36.000 – verschwindend wenig angesichts der zwanzig Millionen Menschen, die in Malaysia leben.

Jim spricht kaum Malay, nur eine Hand voll

englische Worte, die er von den Touristen aufgeschnappt hat, da er immer öfter mit ihnen zu tun hat. Die neue Welt ist nicht mehr seine. Gleichwohl, er arrangiert sich mit ihr, hat plötzlich gemerkt, was Geld ist, was er dafür bekommt und – vor allem – was er geben muss, um es zu bekommen. Der sehnige und in den Bewegungen – der Hitze angepasst – etwas apathische Alte verkauft handgearbeitete Blasrohre. Vor den Besuchern demonstriert er die Kunst, damit zu schießen.

Umgerechnet siebeneinhalb Euro nimmt er für eines dieser Rohre. Einen Tag lang arbeitet er daran und ahnt nicht, dass die zerbrechlichen Jagdwaffen der Ureinwohner von den Sicherheitsbehörden am Flughafen der Hauptstadt Kuala Lumpur als »gefährliche Güter« eingestuft und konfisziert werden. Im Koffer werden sie geduldet, im Handgepäck nicht: Die Waffen könnten den Flugverkehr gefährden und müssen daher als »Security risk item« separat transportiert und am Zielflughafen an einem Extraschalter wieder abgeholt werden. Die Fremden, die bei ihm kaufen, werden es auf der Rückreise erfahren. Jim ahnt nichts davon. Er kennt den Himmel, die Sterne, kennt die Reaktionen des Himmels, wenn Donner grollt, aber er weiß nicht, dass man fliegen kann.

Jim wurde in der Steinzeit geboren und musste in seinen gut siebzig Lebensjahren lernen viele Jahrtausende zu überspringen. Er hat diese Sprünge auf kleine Schritte reduziert. Er weigert sich eine Armbanduhr zu tragen. Er braucht kein Radio, kein Fernsehen. Seine Hütte kommt ohne Satellitenantenne aus. Andere haben sie. Jim möchte in der Steinzeit bleiben. Dort fühlt er sich am

wohlsten. Er sucht den Kontakt zu den Fremden nicht, steht nicht winkend und wegweisend am Straßenrand, wenn sich ihre Kleinbusse die Berge heraufquälen. Jim duldet, dass sie kommen.

Die Touristen passieren die etwa fünfhundert Meter hoch gelegenen Orang-Asli-Siedlung auf dem Weg nach Tanah Rata und Berincang in den 1600 Meter hoch gelegenen Cameron Highlands, wo schon die einstigen englischen Kolonialherren die milde, kühle Luft genossen und ihre Nachkommen Golfplätze anlegten – ein Klima wie an schönen Sommertagen in England, keine Spur von drückender tropischer Schwüle. Die Höchsttemperatur liegt bei 24 Grad. Selbst Fachwerkhäuschen bauten sie dort an den Urwaldrand. Vorausgegangen war 1885 eine Expedition des Landvermessers William Cameron, der sich neben der Kartografie auch für die Bodenschätze interessierte.

Land wurde kultiviert, riesige Teeplantagen wurden angelegt, die auch heute noch bewirtschaftet werden und zum Pflichtprogramm der ausländischen Besucher gehören.

Der malaysische Urwald ist rund 130 Millionen Jahre alt – älter als die Amazonaswälder Brasiliens. 8500 Pflanzenarten sind hier heimisch – ungefähr so viele wie in ganz Nordamerika quer durch alle Klimazonen. 600 Vogelarten sind gezählt worden, 150.000 verschiedene Insektenvarianten. Der Wald strotzt vor Leben.

Längst sind die Hotels in Tanah Rata und Umgebung auf Fremde von weither eingestellt. Restaurants werben mit mehrsprachigen Speisekarten auch um ausländische Gäste – Tagesdessert

frische Hochlanderdbeeren mit Schlagsahne für zehn Ringgit, knapp zwei Euro. Anschließend gibt es Kaffee oder Tee vorm lodernden Kaminfeuer.

Neuerdings wachsen mehr und mehr Hochhäuser in den Himmel über den Highlands: teure Appartements, deren Käufer vor allem betuchte Bewohner des Stadtstaates Singapur sind, die dem drückenden Klima ihrer Heimat entfliehen und das Wochenende in den gut fünf Fahrtstunden entfernten Highlands verbringen wollen. Gleichwohl, während der Asien-Wirtschaftskrise ruhte so manche Baustelle. Investoren hatten sich zwischenzeitlich übernommen und die Appartements waren ein paar Jahre lang nicht mehr so leicht abzusetzen wie zuvor – und danach.

Hinauf in das klimabegünstigte Ferienparadies führte lange Zeit nur eine einzige Straße: schmal, zweispurig und in Serpentinen geschwungen. Sie verläuft mitten durch den Urwald, ist dem Verkehrsaufkommen kaum mehr gewachsen. Und sie führt direkt an Jims Hütte vorbei.

Ein paar Kilometer weiter westlich sind die ersten modernen Brücken entstanden, die Täler überspannen und Serpentinen ersparen. Die Straße wurde teils verbreitert, teils wurde sie in Sichtweite neu gebaut. Monströse Baumaschinen ratterten. Maßgefertigte Betonsegmente stapelten sich auf einer Lichtung nur ein paar hundert Meter von Jims Zuhause entfernt – Werke von Menschenhand, die er nie zuvor gesehen hatte und über deren Verwendung er nur spekulieren konnte. Es interessierte ihn nicht sehr. Er mochte nicht

darüber diskutieren, nicht bei den Bauarbeiten zuschauen. Die Moderne fasziniert ihn nicht. Sie stört. Weil er sie nicht aufhalten kann, lässt er sie teilnahmslos gewähren. Natürlich muss er nur wegen der Erdrutsche umziehen, nur aus Sicherheitsgründen – nicht, weil seine Hütte der Zukunft im Weg steht und die neuesten Erweiterungsplanungen mit seinem Bauplatz kalkulieren.

Ähnlich hilflos standen andere Orang Asli am Lake Chini vor Jahren einem Staudammprojekt gegenüber. Erst nach Fertigstellung des Dammes, der den Wasserstand um einen Meter heben sollte, um auf dem See und einem Fluss Motorbootverkehr und Wassersport zu ermöglichen, machte sich ein Beamter der Provinzregierung zu den Orang-Asli-Siedlungen am Seeufer auf, sprach mit den Ureinwohnern und erkannte die durch den Dammbau und die Ausbaggerung von Teilen des Flusses entstandenen Probleme. Kleine Plantagen sind überflutet, Bäume unterspült und entwurzelt, die Migration der Fische ist unterbrochen, ihre Brut durch die Ausbaggerungsarbeiten zerstört. Auch die traditionellen Reisewege der Orang Asli sind durch den Damm blockiert. Über Lösungsmöglichkeiten des Problems wird inzwischen diskutiert. Auch Jim hat davon gehört. Er zuckt mit den Schultern.

Wenn der Orang-Asli-Familienälteste jagen geht, sind die selbst gebauten Blasrohre mit ihren Giftpfeilen todbringende Waffen. Vor Fremden gibt es nur eine Demonstration. Jim bläst die Wangen weit auf, entlädt die Luft lautlos ins Rohr und schießt den Pfeil auf eine vielleicht zehn, zwölf Meter entfernte Dartscheibe ab. Auf dem

Weg ins Ziel ist das Geschoss fast so schwer zu erkennen wie eine abgefeuerte Pistolenkugel.

Jim trifft immer ins Schwarze, freut sich an den anerkennenden Blicken der ahnungslosen Umstehenden, die noch nie mit dem Blasrohr geschossen haben. Und er ist irritiert und senkt den Kopf, wenn jemand klatscht.

Siebzig Jahre alt – das ist die Schätzung der Fremden. »Warum wollt ihr mein Alter wissen?«, fragt er. »Ich weiß nicht mehr, wie alt ich bin. Ich habe die Jahre nicht gezählt und das Geburtsjahr irgendwann vergessen.« Wie bei Becketts »Warten auf Godot«. »Ist es denn wichtig?«, will er wissen. Zeit spielt keine Rolle. Sie regiert das Leben der Orang-Asli im Bergland von Malaysia nicht. Hier zählt das Leben, aber die Maßeinheit dafür ist uninteressant. Es gibt Tag und Nacht, hell und dunkel, Zeiten mit mehr und mit weniger Regen. Aber Sekunden und Minuten, Monate und Jahre – wofür all das? Jim hat seine Vergangenheit verloren und mit diesem Aspekt ist er glücklich.

Harfenklänge auf dem Nordatlantik

Auf Transatlantik-Seereise: an Bord einer Legende durch die Wüste in Blau

Das Szenario ist immer gleich und ändert sich bloß hinsichtlich der Farbe des Wassers und der Intensität der Wellenbewegung. Nur der schiffsförmige Pfeil auf der großflächigen Landkarte auf dem Quarter Deck wird alle paar Stunden ein paar Millimeter weiter nach Westen geschoben. Nachrichten zählen nichts mehr. Der Inhalt der allmorgendlichen Bordzeitung könnte komplett erfunden sein. Gibt es die Welt noch, die Kontinente so wie bei der Abreise in Southampton? Sind sie längst untergegangen? Abwegig sind solche Gedanken nicht, wenn man in jede Richtung von mindestens zweitausend Kilometer Wasser umgeben ist und unter dem Kiel fünftausend Meter dunkles, wogendes Blau hat: unterwegs auf Transatlantikseereise von Southampton nach New York.

Fünf von sieben Tagen bewegt sich das Schiff außerhalb der Reichweite von Satellitenfernsehen im dunkelblauen Nirgendwo. Wer wissen will, ob es die Welt noch gibt, muss telefonieren – für zwölf Dollar fünfzig pro Minute von der Kabine aus. Über ein Satellitennetz, das den gesamten Globus einschließlich der Ozeane abdeckt. Immerhin eine Erkenntnis bringt das: Telefonieren ist wichtiger als Fernsehen. Das eine funktioniert

überall, für das andere sind nicht genügend Satelliten im All. *CNN* und die »Sesamstraße«, Börsenfernsehen und Cartoon Network: Die Ozeane haben sie noch nicht erobert.

Das erste Geräusch auf dem Weg durch dunkelblaues Nichts hinüber in die Neue Welt ist der Klang einer Harfe. Leise, zart, fast zögerlich. Als ob der Wind vorsichtig mit den Saiten spielte. Hat man sie wahrgenommen, wird ihre Kraft immer stärker, ihr Sog magisch. Die Harfe zieht die Neuankömmlinge an Bord, hinein vom Terminal in Southampton in den stählernen Bauch des letzten Transatlantik-Liners im Liniendienst auf der Route zwischen Europa und New York, hinüber in eine andere Epoche – in die der Ozeanriesen, als Reisende noch Zeit mitbrachten. Für viele war Amerika das Ziel all ihrer Träume, für andere war es bereits der Weg.

An diesem sonnigen Sommernachmittag hockt Sally Foster aus New York in der Midships Lobby der Queen Elizabeth 2 an ihrer Harfe und improvisiert über Werke von Mozart, von Debussy, Bach und Haydn. Ihre Musik begrüßt die 1598 Passagiere dieser Fahrt an Bord – Menschen aus diesmal 27 Nationen rund um den Globus. Das Schiff mit Platz für 1750 Passagiere ist fast voll belegt.

Eine Stunde später vibriert der Fußboden aller zwölf Decks. Die Schwingung überträgt sich bis in den Körper jedes Einzelnen. Mit donnerndem Dröhnen sagt das Schiffshorn Europa auf Wiedersehen. Majestätisch klingt das. Und ehrfurchteinflößend. Hörbar noch in zwei Meilen Entfernung. Mehr als 4,5 Millionen Meilen hat die Queen auf

allen Weltmeeren seit Indienststellung 1969 zurückgelegt.

Am Kai spielt eine Blasmusikkapelle – genau dort, wo die Titanic im April 1912 zu ihrer verhängnisvollen Jungfernfahrt mit Kurs New York ablegte. An Deck wird der erste Champagner ausgeschenkt. Auf gut tausend Liter summiert sich der Verbrauch nach einer Woche auf See. 23 Kilo Kaviar werden vertilgt, 1500 Hummer, 3 Tonnen Fleisch, fast 6 Tonnen frische Früchte. Küchenchef Karl Winkler muss lange im Voraus planen und rechtzeitig all das einkaufen, was die 86-köpfige Schar der Köche binnen der Überfahrtswoche zurechtzaubern soll – egal ob für Caesar's Salad mit Knoblauchshrimps oder marinierte Palmenherzen, ob für Gänselebermousse mit Portweinglasur oder pochierte Seezungenfilets in Orangen-Basilikum-Butter. Es gibt keinen Supermarkt an der Strecke, wo kurzerhand nachgekauft werden könnte.

Mehr als tausend Augenpaare wandern das erste Mal neugierig über das 293,5 Meter lange und 32 Meter breite Schiff mit dem pechschwarzen Rumpf, schneeweißen Aufbauten und dem knallroten Schornstein, suchen nach dem richtigen Weg, nach Orientierung, sammeln erste Eindrücke. Ein vielleicht dreißigjähriger Mann blickt in Fahrtrichtung über das Vorschiff hinweg, breitet beim Ablegen die Arme aus und schmettert vor lauter Glück »I am the king of the world« in den Abendhimmel – wie Leonardo DiCaprio in »Titanic«.

Ausgerechnet der tragische Untergangsfilm mit seiner Liebesgeschichte lockt junge Leute auf

Kreuzfahrtschiffe – und vor allem auf den letzten Transatlantik-Liner. Ein Trend, der seit der Kinopremiere unvermindert anhält. Der Altersschnitt der Passagiere ist seitdem deutlich gefallen: 25-Jährige auf der Suche nach Leonardo DiCaprio, nach Kate Winslet, nach der großen, romantischen Liebe und sich selbst.

In der ersten Nacht ziehen die Lichter der englischen Südküste vorbei, während hinter den Panoramafenstern der fünf Restaurants an Bord getafelt wird. In der Ferne leuchten sie wie eine Girlande, als hätte sich die Insel geschmückt, um die Queen festlich zu verabschieden. Danach werden es nur noch einzelne Schiffe auf derselben Route und die Sterne sein, deren Lichter man in den Nächten sieht – ansonsten nichts als Wüste in Dunkelblau: Wasser bis hinter den Horizont. Als wäre alles untergegangen, was mal war. Links und rechts, voraus und hinterher: blaue Weite, je nach Launen des Windes flaches Meer oder eine Gebirgslandschaft aus Wellen.

Im September 1995 überrollte ein nordatlantischer Jahrhundertbrecher von dreißig Meter Höhe im Sturm vor Neufundland die QE2 – wie durch ein Wunder ohne einen Menschen zu verletzten. Der erste Schrecken war groß, der Schaden minimal. Lediglich der Fahrplan geriet durcheinander. Die stets pünktliche Königin der Meere traf mit acht Stunden Verspätung in New York ein. Ein anderes Mal setzte sich der Kapitän nach einem Sturm im Ballsaal ans Piano und spielte »We have survived«. Derart schweres Wetter war nicht vorhergesagt worden.

1700 Träume reisen jedesmal im Luxus vergan-

gener Oceanliner-Tage mit über den Atlantik. Die Wünsche, Vorstellungen und Gedanken jedes einzelnen Passagiers. Jeder denkt ein bisschen über das Waghalsige der Reise nach – darüber, das Meer herauszufordern. Darüber, 5898 Kilometer weit über den Ozean zu reisen und vorher nicht zu wissen, wie gutwillig und gastfreundlich er sich erweisen wird. Darüber, dass erst seit gut fünfhundert Jahren Schiffe zwischen der Alten und der Neuen Welt fahren und man vorher jahrtausendelang auf beiden Kontinenten nichts von der Existenz des jeweils anderen wusste. Man denkt über die eigene Erwartung nach, während die Blicke vom Liegestuhl auf dem Sun Deck aus vorausreisen. Der Kopf malt sich die Ankunft in New York aus, den Morgen, wenn der Stahlkoloss auf die Minute pünktlich um 6.15 Uhr mit nur noch drei Knoten Geschwindigkeit an der Freiheitsstatue vorbei in den Hudson River schleichen wird. Ein Schauer läuft über den Körper beim Gedanken daran, wie Hunderttausende zuvor als Auswanderer die USA anliefen und alles hinter der Schraube ihres Schiffes zurückließen, was bisher Bedeutung für sie hatte: nur die Erinnerung im Kopf und das ganze Leben in zwei großen Koffern.

Die Zahl der Passagiere, die das Schiff heute als pures Transportmittel nutzen, lässt sich an einer Hand abzählen. Ihr Reisegrund heißt Flugangst. Für alle anderen ist der Grund das Schiff selbst – die Legende, die den letzten Oceanliner umfängt. 23 verschiedene Preiskategorien der Kabinen gibt es – und noch heute eine echte First Class. Mit Luxuskabinen, die teilweise Balkone

haben, mit eigener Lounge und eigenem Restaurant, das den Fahrgästen der preiswerteren Kategorien verschlossen bleibt. Thriller-Autor Tom Clancy ist hier einst gereist, um in aller Ruhe einen neuen Roman fertigzustellen, der von U-Booten, Agenten und Abenteuern auf hoher See handelt.

Für manchen spielt Geld eine so unwichtige Rolle, dass selbst das eigene Auto mitreist. In der Garage auf Deck 8 ist Platz für sechzehn Luxuskarossen. 2700 Euro kostet deren Passage – ohne Verpflegung, ohne Abendunterhaltung und ohne allgegenwärtige diskrete Aufmerksamkeit einer vielhundertköpfigen Serviceschar.

An vier der sechs Abende an Bord gilt ab 18 Uhr vornehmste Kleiderordnung – Abendkleid für die Damen, bevorzugt Smoking oder Dinnerjacket, ersatzweise dunkler Anzug für die Herren. Wem die passende Ausrüstung fehlt, der kann sie kurzerhand nachkaufen – in den Boutiquen der »Royal Promenade« auf dem Boat Deck. Oder dem Kabinensteward einen Hinweis geben, der dann diskret die Leihgarderobe bereitlegen wird. An den zwei verbleibenden Abenden weist das vierseitige Tagesprogramm »Dress-Code informal« aus – was fast dasselbe bedeutet. Der Schlips bleibt ein Muss, Jacket und Hose dürfen aus der vollen Breite der Farbskala schöpfen. Die vornehme Garderobe gehört zur Nostalgie der Transatlantiküberfahrt, sie ist Teil der 1700 Träume. Und deswegen hält sich fast jeder daran: kein Quertreiber im Hawaii-Hemd weit und breit.

1016 Besatzungsmitglieder stehen unter dem Kommando von Captain Roland Hasell aus Truro in Cornwall, der den Stolz der britischen Flotte

fest im Griff hat, ohne seine Macht ständig demonstrieren zu müssen. Der Mann mit den wachen Adleraugen setzt auf Understatement. In seiner dunkelblauen Uniform mit golden abgesetzten Knöpfen, mit Schulterklappen und der scheinbar etwas zu groß geratenen Mütze sieht er aus wie eine personifizierte Reminiszenz an vergangene Tage. Hasell ist ein Gentleman des alten Schlags, ein Seemann mit 44-jähriger Erfahrung. Seit seinem 16. Geburtstag fährt er – mit wenigen Unterbrechungen – zur See, anfangs für ein Gehalt von fünf Dollar pro Woche. Heute wäre das gerade genug für einen Cocktail in der Yacht Club Bar auf dem Upper Deck.

Geduldig und oft augenzwinkernd stellt er sich allen Fragen seiner Passagiere – auch der, warum sein Vollbart schneeweiß, seine Frisur aber noch pechschwarz sei: »Weil ich von den Füßen an aufwärts sterbe und es bereits das Gesicht erreicht hat.« Pechschwarzer englischer Humor. Hasells Bemerkungen gehen mit Vorliebe auf eigene Kosten. Und mit schelmischem Blick freut er sich am Lacherfolg bei den verblüfften Zuhörern.

Sieben Tage dauert die Atlantiküberfahrt – sechs Nächte an Bord inmitten von Tausenden Tonnen Stahl. In achtzehn Kilometer Höhe donnerte einst die Concorde zweimal täglich über das Schiff hinweg. London – New York in 2 Stunden und 58 Minuten. Das Verkehrsmittel der Eiligen, die sich am Ticketschalter Zeit kauften. Beides Transatlantikreisen. Zwei Welten mit denselben Anfangs- und Endpunkten.

Erst an Bord eines Schiffes gewinnt man einen

Eindruck von der Größe der Welt, die durch das zeitzonenfressende Flugzeug zur Murmel geschrumpft war. Erst so begreift man, dass tatsächlich zwei Drittel der Oberfläche dieses blauen Planeten von Wasser bedeckt sind.

Die Passagiere sind dem Kapitän 162 Stunden lang ausgeliefert. Sie müssen ihm glauben, wo sie sind, denn selbst feststellen können sie es eine knappe Reisewoche lang nicht. Mit jeder Stunde auf See nimmt die Entfernung zum Alltag zu. Die Weite durchspült das Hirn, reinigt die Gedanken, hilft, wieder zwischen wichtig und unwichtig zu unterscheiden.

John Duffy ist seit fast zwanzig Jahren verantwortlich für den Hotelbetrieb auf der QE2, für alle 926 Kabinen, die Restaurants, das Heer der Stewards. Ein bisschen schüchtern wirkt der grauhaarige Herr an seinem riesigen Schreibtisch auf Deck 2. Umgeben ist er von Fotos in Goldrahmen, die ihn beim Händeschütteln mit Mitgliedern der englischen Königsfamilie zeigen. Viele von ihnen sind mit diesem Schiff gefahren, darüber hinaus Stars wie Dean Martin und Al Jarreau, Meryl Streep und Elizabeth Taylor.

Nie würde Duffy auf ein anderes Schiff wechseln wollen: »Nur die Transatlantiküberfahrt hat heutzutage noch diesen Charme einer vergangenen Epoche, diese besondere Atmosphäre – und das selbst im dichtesten Nebel vor Neufundland. Dieses Schiff ist bereits Legende und kein anderes kann mit dieser Geschichte mithalten.« Seine Augen blinken und fast scheint es im Licht der Neonleuchte an der Decke, als ob sie in den Winkeln feucht geworden seien. Die QE2 schafft ein beson-

deres Zusammengehörigkeitsgefühl, ein dünnes Band aus Pathos und Stolz.

Bei Duffy laufen alle Fäden zusammen. Hier wird sichergestellt, dass alles perfekt abgestimmt ist: der Begrüßungschampagner in den Luxuskabinen gut gekühlt, die Blumenarrangements des bordeigenen Floristen rechtzeitig drappiert, frische Kerzen in der Synagoge auf Deck 3 angebracht. Und als würde er selbst fürs Wetter verantwortlich zeichnen, liegt diesen Morgen auf John Duffys Schreibtisch ein Buch mit dem Titel »The Perfect Storm«.

Eine Hand voll Passagiere bekommt nichts mit von der Faszination einer solchen Überfahrt, von der Reise ins Ich, vom spannenden Hin und Her aus meditativem Gedankenspiel und Ablenkung. Die Leute hocken den ganzen Tag lang im Casino auf dem Upper Deck und hebeln an Spielautomaten herum: Mindesteinsatz 25 Cent, verloren meist in wenigen Sekunden. Wer ihnen die Hand gibt, sieht in ihren Augen Symbole klickern, die immer langsamer rappeln und irgendwann zum Stillstand kommen – zweimal dasselbe wäre Jackpot. Doch Dopplungen gibt es nicht, alles kommt nur einmal vor, Hauptgewinn ausgeschlossen. Das Dauerspiel hat zu viel Leere in manche Gesichter gefressen. Sie hoffen, dass das Glück im Spiel anhält. Oder die Pechsträhne abreißt.

Manche sind schon vormittags da, wenn andere gerade an Deck Sonne tanken und in der klaren Atlantikluft tief durchatmen. Oder Shuffleboard spielen, im Pool herumplantschen, im Kinosaal Vorträgen lauschen, sich in der Schönheitsfarm auf Deck 1 oder im Spa auf Deck 6 verjüngen lassen.

Die notorischen Spieler haben ihre Seereise verpasst. Das schillernde Meer. Die Delfine. Die Finne eines Blauwals an Steuerbord. Das grandiose Essen, die Musik. Die Menschen. Die vier Freundinnen aus der Dominikanischen Republik zum Beispiel, die abends bei der Karaoke-Veranstaltung im Golden Lion Pub Songs von Whitney Houston singen und dabei besser sind als das Original. Jeden Abend haben sie mehr Zuhörer, jede Nacht mehr Applaus. Und irgendwann gegen Ende der Reise beginnen sie Zugaben zu singen. Sie haben den alten US-Admiral aus Hawaii verpasst, der ausgerechnet Robinson heißt, das halbe Leben auf Ozeanen verbrachte und viel zu erzählen hat. Oder den Eintänzer Ted Parker aus Montana. Seine Aufgabe ist es, allein reisenden Frauen Lebensfreude einzuhauchen. Er fordert sie zum Tanz auf, schiebt sie beschwingt über das Parkett des Ballsaals, bis ihnen Flügel wachsen. Ein Job an Bord, für den der pensionierte Ingenieur keinen Pfennig bekommt.

Die Blicke der älteren Damen verfolgen spätestens vom zweiten Nachmittag an jeden seiner eleganten Schritte, klammern sich an sein cowboyhaftes Raubeinlächeln mit jenem Hauch von Macho, der Frauenherzen zum Schmelzen bringt. Gekonnt hebelt er eine Mittsiebzigerin aus Florida über das Parkett der Tanzfläche, während die Kapelle Walzer von Johann Strauß spielt. Zwei Dutzend Ladys zwischen fünfzig und fünfundachtzig sehnen jeden Tag um vier Uhr beim Tanztee im Queens Room auf dem Quarter Deck den Moment herbei, wenn Ted Parker sie auffordert und so lange mit ihnen tanzt und scherzt, bis sie schweben.

Je länger die Seereise dauert, desto früher kommen sie, um einen der Tische direkt an der Tanzfläche zu ergattern und Ted Parker aus der Nähe zu erleben und zu träumen, während Kellner in schneeweißer Uniform mit weißen Handschuhen Earl-Grey-Tee und Gurkensandwiches servieren.

Ted Parker ist einer von vier »Gentleman Hosts« an Bord des Luxus-Liners – angeheuert von einer Firma aus Chicago, die den viel versprechenden Namen »Working Vacations« trägt und Vermittlungsgebühren von ihren Eintänzern kassiert, statt ein Gehalt zu zahlen.

Ted reist kostenlos und ist im Gegenzug immer im Dienst, wenn an Bord irgendwo Musik spielt – ganz Kavalier alter Schule, ganz der Nurejew der hohen See. Einsamkeit soll gar nicht erst aufkommen können, keineswegs freie Bahn bis in die Seele haben. Ted und seine Kollegen stellen sich solchen Gefühlen in den Weg, schlüpfen in die Rolle des privaten Conférenciers, der unverkrampft Gesprächskontakte vermittelt und unsichtbare Bande zwischen einander wildfremden Menschen zu knüpfen versucht – auch bei Tisch in den Restaurants an Bord.

»Gentleman Hosts« sind stets über fünfzig, allein stehend, finanziell unabhängig und müssen ausnahmslos einen seriösen persönlichen und beruflichen Hintergrund haben. Fast immer sind es Amerikaner oder Engländer, meistens Rechtsanwälte, Lehrer, Professoren oder Unternehmer im Ruhestand, oft auch pensionierte Piloten.

Teds Kabine ganz vorne im Bug auf Deck 2 bekommt keine der Damen von innen zu Gesicht – eine Frage der Berufsehre, denn Zweideutigkeiten

beugt »Working Vacations« schriftlich vor: Kabinenbesuche, Flirts und vorschnelle Eheversprechen sind per Vertrag ausgeschlossen und wären Anlass zur fristlosen Kündigung, die die sofortige Heimreise auf eigene Rechnung nach sich zöge – egal, von welchem entlegenen Winkel der Welt aus. Es geht nur um Tanz und Lebensfreude, nicht darum, verschüttete Gefühle freizuschaufeln und auf hoher See die oft millionenschweren einsamen Herzen zu erobern.

Die großen Reedereien haben beobachtet, dass die Zahl der tanzbegeisterten allein reisenden Damen an Bord steigt. Single-Herren, ohnehin klar in der Minderheit, machen dagegen lieber einen Bogen um die Tanzfläche und wären offenbar sogar bereit, zwischenzeitlich ein Beiboot zu nehmen, um diesen Bogen nur weit genug schlagen zu können. Da die Zufriedenheit der Damen auf dem Spiel stand, mussten Männer her, die gern und viel tanzen – gute Manieren als abendliche Ballmitgift zwingend erforderlich.

Je nach Schiff, Passagierzahl und Reisedauer werden heute zwischen vier und zehn »Gentleman Hosts« engagiert, die am ersten Tag auf See vom Cruise Director im Rahmen einer »Single Party« offiziell vorgestellt werden, um bei späteren Gesprächen bereits jeglichem Missverständnis vorzubeugen. »Das weibliche Pendant zum ›Gentleman Host‹ gibt es schon deshalb nicht, weil die Zahl der allein reisenden Männer zu einem solchen Service gegenwärtig keinen Anlass gibt«, so Bob Haines, Cruise Director und oberster Vorgesetzter der freiwilligen Tänzer an Bord der QE2.

Bei der Schulung bekommen angehende »Gent-

leman Hosts« die überlebensnotwendigen Tipps, wie sie sich zu verhalten haben, falls sich doch mal jemand in sie verliebt. Gelehrt wird dabei nur die einseitige Variante, nicht das Verhalten bei Liebe auf Gegenseitigkeit. »Der Ehe bin ich noch immer entkommen«, erzählt Ted und rückt etwas verlegen das Namensschild zurecht, das an sein blaues Dienstpolohemd geheftet ist. Für Sekundenbruchteile scheint sein Blick ganz weit in der Ferne zu verschwinden, hinter dem Horizont. Einen Kollegen habe es letztes Jahr erwischt – so sehr, dass der eiserne Grundsatz »Spätere Heirat ausgeschlossen« von der geballten Ladung Gefühle eingeschmolzen wurde: Kribbeln im Magen und himmlisches Harfenspiel im Kopf, Glockenläuten wenig später. Der Mann tourte im Wochenturnus durch die Karibik, hat inzwischen den Kreuzfahrtjob aufgegeben und den Bund für den Rest des Lebens geschlossen. Mit einer Passagierin aus dem Bordtanzkurs. Seinen Rausschmiss hat er nicht erst abgewartet, sondern selbst gekündigt – wegen Weiterreise Richtung siebter Himmel. Manchmal ist es schön, wenn Gefühle goldene Regeln aushebeln.

Gwendolyn Jackson ist erst 23 Jahre alt und schon der gefeierte Star der Abendshows. Sie tanzt wie ein Engel, singt wie eine Diva, hat eine Ausstrahlung, mit der sie jede Bühne alleine ausfüllen kann. Früher hat sie zu Hause in Philadelphia im Kirchenchor gesungen, war mit 19 im Backgroundchor von Harry Belafonte auf Tournee in Europa. Ihr Vertrag an Bord läuft ein halbes Jahr lang – zwei Shows jeden Abend. Ein Mammutprogramm, das sie auch umsonst und notfalls

ohne Zuschauer absolvieren würde: »Ich liebe es einfach, zu singen. So oft ich kann. Egal wo.« Für den Fall, dass mal der Manager einer Plattenfirma an Bord sein sollte, hat sie eine Demokassette dabei – mit Songs von Diana Ross, Whitney Houston und eigenen Stücken. Beim Landgang in New York wird sie sich ein Taxi nehmen und zum Broadway fahren – eine Freundin besuchen, die es geschafft hat: Die singt eine Hauptrolle in einem Musical.

Der neue Morgen reibt der Freiheitsstatue den Schlaf aus den Augen. Nach sieben Tagen auf See schält sich die Skyline von New York aus dem Nebel. Jeder an Bord wird dieses eine Mal zum Frühaufsteher, denn die Hafeneinfahrt gegen sechs Uhr will keiner verpassen. Das Casino an Bord ist geschlossen, die Shows sind zu Ende. Der Alltag ist noch eine knappe Seemeile entfernt. Irgendwo hinter Pier 92 beginnt er wieder. Für 1700 Träume ist das Ziel zum Greifen nah. Wie viele Leonardos mögen ihre Kate gefunden haben, wie viele Gedanken neu geordnet sein? Wie viele Spieler mögen aufgewacht sein, wie viele Tänze die Lebensgeister mancher Menschen geweckt haben? Karl Winklers Vorratskammern jedenfalls haben sich geleert: 25 Kilo frische Kräuter sind verbraucht. 16.000 Eier, zwei Tonnen Kartoffeln, 900 Kilo Geflügel wurden verspeist, knapp 320 Kilo Kaffee und gut 2000 Flaschen Wein getrunken. In nur acht Stunden werden die Lagerräume wieder aufgefüllt und die Betten gemacht sein, denn um 17 Uhr läuft die Queen wieder aus – diesmal auf Gegenkurs, zurück nach Southampton, wieder mit 1700 Träumen auf zwölf Decks.

Sally Foster geht hier von Bord. Sie lebt in New York, hat ein Engagement im Orchester einer Broadway-Show, danach Schallplattenaufnahmen mit Liza Minelli. Wenn das Schiff am Nachmittag wieder ablegt, wird jemand anders in der Midships Lobby Harfe spielen.

Dreitausend Tonnen Treibstoff sind binnen der letzten Woche durch die knallroten Schornsteine der »Königin der Meere« geraucht und zwei Beweise sind erbracht: Nicht jedes Schiff, das auf der Route der Titanic fährt, erleidet dasselbe Schicksal. Und es gibt Land am Ende des Ozeans hinter dem Horizont.

Reine Männersache

Griechenland: in der Mönchsrepublik Athos

Dumpfe Schläge hallen durch finstere Korridore. Schlurfende Schritte nähern sich und verschwinden gleich darauf wieder. Was bleibt, ist dieses geisterhafte Klopfen in seinem wiederkehrenden Rhythmus. Mal tief und matt, mal hochtönig. Immer lauter, hin- und hergeworfen von salpeterverkrusteten Wänden, reflektiert von jahrhundertealten Gewölbedecken. Ein paar Minuten dauert es, bis die Töne verschwunden sind, geschluckt von den Klostermauern, verhallt im Labyrinth der Korridore und Stockwerke. Die Stille der Nacht ist in die Gänge zurückgekehrt und nur noch das Geländer der hölzernen Balkone knirscht für einen Moment vernehmlich, weil eine Eule darauf landet.

Schwarze Schatten huschen wenig später im Mondlicht über den Innenhof. Einer davon zieht das linke Bein nach. Hinter dem letzten Schatten fällt ein schweres Tor ins Schloss und die Eule fliegt wieder davon. Kerzenlicht flackert hinter einer großen Scheibe auf. Später dringen geistliche Choräle aus dem Katholikon, der kleinen Kirche im Hof: Beginn des nächtlichen Gottesdienstes im Kloster Simonos Petras, das wie ein Adlerhorst auf den Felsen des heiligen Berges Athos klebt. Wie die Kulisse für die orthodoxe Variante von »Der Name der Rose«. Fast vier

Stunden wird die Zeremonie in der Kapelle dauern – bis zum Sonnenaufgang.

Mit der »Stundentrommel«, dem Simandron, hatten Mönche auf traditionelle Weise zum nächtlichen Gebet gerufen und im Gehen immer wieder mit dem Hammer auf ein Brett aus Zypressenholz geschlagen.

Seit über tausend Jahren haben nur Männer Zutritt zur geheimnisvollen Welt der zwanzig Athos-Klöster auf der nordgriechischen Halbinsel Chalkidiki. Die orthodoxe Mönchsrepublik lebt in der Vergangenheit, kennt keine Gegenwart und will von der Zukunft nichts wissen. Sie ist bis heute streng abgeschottet, weitgehend autonom und erstreckt sich über rund 340 Quadratkilometer. Nur zehn Ausländer dürfen pro Tag einreisen, sich maximal drei Nächte auf Athos aufhalten und all das üblicherweise nur einmal im Leben. Einzig männliche griechische Pilger sind von dieser Quotenregelung ausgenommen. Ihre Zahl ist nicht begrenzt und sie dürfen wiederkehren.

Frauen bleibt der Zutritt bei Strafandrohung verwehrt – und seien sie noch so diskret, so kunstinteressiert, so ikonenverliebt, so schweigsam, so orthodox, so keusch und so verhüllt. Selbst die Boote, die im Sommer von Ouranopolis am weltlichen Ansatz der Athos-Halbinsel aus mit Touristen an Bord zur Ausflugsfahrt entlang der Küste starten, müssen dreihundert Meter Mindestabstand zum Ufer einhalten – damit kein Frauenlachen bis an Land dringt und die Mönche in ihrer Andacht stört. Eine Verordnung des heiligen Rates von Athos will es so. Den Menschen an Deck bleibt nur, mit Teleobjektiven in die verbote-

ne Welt der Mönche hineinzulauern und zu versuchen einen der seltsamen Bewohner aus der Ferne zu erspähen.

Dem Zugriff der Tourismusindustrie hat sich Athos in jeder Hinsicht entzogen. Strände ohne Hotels, hundert Küstenkilometer ohne Yachthäfen, ohne Ausflugslokale und Leuchtwerbungen. So still, als hätte jemand den Boxenstecker des Lebens herausgezogen.

Die Mönche definieren ihr Reich als »Menschenschutzgebiet« und befinden gleichzeitig nur sich selbst und ihre wenigen lizensierten Besucher für schutzwürdig. Die zehn Fremden als geduldete Gäste dieses in die Gegenwart hinübergeretteten griechischen Gottesstaates dürfen im winzigen Athos-Hafen Daphni anlanden, müssen sich einer gründlichen Pass- und Gepäckkontrolle unterziehen und können anschließend unentgeltlich in den Klöstern essen und übernachten, beten und meditieren. »Ich sage nicht«, gesteht Pater Palamas aus dem Kloster Vatopedi zu, »bei uns sei alles perfekt. Und ich sage auch nicht, außerhalb von Athos sei alles verteufelt. Aber nur hier finden wir die Ruhe zum Gebet und die größtmögliche Nähe zu Gott. So wollen wir Athos erhalten.«

Ruhe braucht Regeln. Wer nach Sonnenuntergang an ein Klostertor klopft, muss draußen bleiben und warten, bis die Sonne wieder aufgeht, ehe sich das Tor für ihn öffnet. Wer zu spät zum gemeinsamen Mahl mit den Mönchen in den Speisesaal eilt und eintrifft, wenn bereits mit dem Verlesen von Bibelpassagen begonnen wurde, steht ebenfalls auf der falschen Seite einer ver-

schlossenen Tür. Wer nicht satt ist, wenn der Rezitator verstummt und der Abt dreimal auf den Tisch klopft, hat Pech gehabt. Auch er muss die Mahlzeit beenden, aufspringen und der Schar der Mönche folgen – hinaus aus dem Speisesaal, weg vom gedeckten Tisch. Die ersten beiden Erkenntnisse der Reise ins Reich der Mönche sind deshalb profan: Wer nicht fasten will, muss pünktlich sein. Wer satt werden will, muss essen wie die Mönche – sehr, sehr schnell. Tristes Detail für an Abwechslung gewöhnte Mägen: Montags, mittwochs und freitags empfiehlt der heilige Rat zu fasten. Weil die Vorschriften nicht überhand nehmen sollen, wird für wenig Fastenbegeisterte trotzdem aufgetafelt – nur abends und nur Wasser, Brot, Oliven und ein Schälchen Gemüsesuppe. Weil zu wenige Vorschriften zu Lotterleben verleiten könnten, gilt sicherheitshalber noch diese: ein Sprechverbot im Speisesaal. Zu viel Kommunikation könnte möglicherweise auf Kosten der Nachdenklichkeit gehen. Draußen darf man auf Wunsch und bei Bedarf wieder reden – ohne Wasser, Brot, Oliven, Gemüsesuppe. Einen Klosterkiosk gibt es übrigens nicht – weder Schokolade noch Zigaretten, keine Chips, keine Minisalamis für zwischendurch.

Darf man Mönchen einen Verbesserungsvorschlag machen oder ist schon der Gedanke daran eine mittlere Frechheit? Falls die Mönche offen dafür sind: Es hat Vorteile, einen Mann mit gewisser Leibesfülle zum Abt zu wählen. Selbst wenn er beim Essen schlingen sollte, dauerte es ein bisschen länger als bei einem kleinwüchsigen Dünnen, ehe er das Ende der Mahlzeit beschließt und

dreimal auf den Tisch klopft. Der wenn auch nur mäßige kulinarische Zauber hätte ein nicht ganz so voreiliges Ende. Wahrscheinlich ist so ein Vorschlag eine Frechheit.

Die dritte Erkenntnis reift beim Wandern von Kloster zu Kloster. Wer Athos erkunden will, muss Kondition mitbringen. Voran kommt man fast ausschließlich zu Fuß auf Maultierpfaden und zur Hälfte überwucherten feldwegartigen Pisten. Einmal am Tag quält sich ein altersschwacher Bus entlang der Hauptstraße von Kloster zu Kloster – es sei denn, es ist gerade wieder irgendein Bolzen herausgeflogen, hat irgendeine Kettenreaktion im hochbetagten Motorblock ausgelöst und es fehlt ein Ersatzteil.

Abseits der Klöster regiert die Natur. Urwälder aus Kastanien, verwilderte Olivenhaine, dazwischen wucherndes Strauchwerk, immer wieder Felsen, tiefe Schluchten. Mit etwas Glück erbarmt sich ein Mönch, erschöpfte Fremde auf der Pritsche seines Unimogs oder dem Anhänger seines Traktors mitzunehmen – vorausgesetzt, dort sind gerade alle Bolzen am richtigen Platz. Zur Belohnung für alle Anstrengungen wird jedem Ankömmling in jedem Kloster *Ouzo*, Wasser und das Honiggelee *Lukumi* gereicht.

Wie übereinander gestapelte Schachteln türmen sich die immer neuen und doch jahrhundertealten An- und Aufbauten der Klöster von Vatopedi bis Xenophontos, von Panteleimonos bis Simonos Petras. Hinter den festungsartigen Mauern vermischt sich allenthalben der Geruch von Weihrauch und Muff, von Mottenkugeln und frischer Farbe. Mauern werden in satten Tönen, in

Rot und Violett gestrichen, hölzerne Umläufe repariert, einzelne Ikonen restauriert, ganze Gebäudetrakte instand gesetzt. Mönche in Blaumann statt in schwarzer Kutte legen selbst Hand an ihre trutzigen Felsburgen. Die neue Renovierungswut ist zementgewordener Optimismus, ist Ausdruck der Hoffnung auf reichlich Nachwuchs in der frauenlosen Welt. Nach Jahren der – bestenfalls – Stagnation verzeichnen die Klöster wieder Zulauf an Novizen. Vierzigtausend Mönche haben einst in diesem Reservat des Glaubens gelebt – etwa zweitausend sind es heute, Tendenz wieder steigend. Und weil neue Mönche neue Räume brauchen, werden vorsorglich schon mal Gebäudetrakte aus den besten Jahren der Klöster renoviert – Flügel, in die Dutzende Jahre niemand mehr einen Fuß gesetzt hatte. Trakte, die in den kalten nordgriechischen Wintern nicht mehr geheizt wurden. Flure, in deren Verbindungstür sich vor vielen Generationen zum letzten Mal ein Schlüssel gedreht hat. Auf die Heimwerker Gottes wartet zwischen den Meditationen viel Arbeit.

Der Zahn der Zeit hat Biss. An der Athos-Hauptstadt Karyes hat er kräftig genagt. Moos klebt an den Dachziegeln, Balken sind morsch, Putz bröckelt, Wände sind allenthalben zentimeterbreit aufgerissen. Zwischen den Quartieren der wenigen weltlichen Helfer des Mini-Gottesstaates, die für ein paar Monate einen Job auf Athos angenommen haben, wieseln wieder die schwarzen Schatten mit den weißen Bärten durch die holprigen Kopfsteinpflastergassen. Mit Aktentasche unterm Arm führt sie ihr Weg meist ins Gebäude des heiligen Rates, wo die Bevollmächtig-

ten der zwanzig Klöster tagen und alle Entscheidungen treffen.

Auch zwei winzige Gaststätten gibt es in Karyes. Sie werden von weltlichen Hilfskräften geführt, deren Laune so schlecht ist wie die der meisten Mönche. Die Speisekarten sind nicht für Gourmetgaumen gedacht. Die Auswahl beschränkt sich auf trockenes Brot, Bohnen- oder Tagessuppe. Dumm nur, dass Bohnen- und Tagessuppe fast immer aus demselben Topf geschöpft werden. Im Hinterzimmer der größeren der beiden Bohnenbars hockt an diesem Mittag ein Mönch beim Bier und löst Kreuzworträtsel. Das sei doch auch eine Form der Meditation, sagt er, lächelt milde, nimmt einen kräftigen Schluck aus seinem Bierkrug und kritzelt eilig ein Lösungswort in die Kästchen.

Im Hof spielen Katzenbabys. Auf den Stufen zum Gebäude des heiligen Rates. Vor der Kirchentür. In den Straßen. Sie sind überall. Offiziell sind auf Athos auch weibliche Tiere nicht zugelassen. Verirrt sich eines ins Reich der Mönche und wird aufgegriffen, wird es mit dem Versorgungsschiff aus Daphni evakuiert und außerhalb der Mönchsrepublik wieder freigelassen. Den schnurrenden Hausgenossen wurden die Mönche nicht mehr Herr und resignierten schließlich: unausgesprochene außerordentliche Aufenthaltsgenehmigung für Katzen. Dass alle Milde gleich für ungezügelte Unzucht ausgenutzt und Athos von aberhunderten Katzenbabys überschwemmt würde, konnte ja keiner ahnen.

Und während die Katzen bleiben dürfen, müssen Fremde nach drei Nächten wieder das Boot in Daphni nehmen. Eineinhalb Stunden Fahrt zu-

rück in die Welt, wo die Schöpfung vollständig ist. Wo Frauen ohne vorgeschriebenen Mindestabstand lachen dürfen. Wo Kinder spielen. Wo es Tavernen mit Tischen unter freiem Himmel gibt und der Koch mehr als Bohnensuppe zubereiten kann. Zurück in die Gegend der fröhlichen Gesichter und herzlichen Umarmungen.

Vom Blick hinters Tor der verschlossenen Welt bleibt Monate danach eine Frage, die immer wieder aus der Erinnerung aufsteigt und für die die Antwort fehlt: Warum macht Meditation auf Athos nicht glücklich? Warum verhärtet selbst gewähltes Alleinsein die Gesichtszüge und wo ist das Lachen geblieben? In drei Tagen und drei Nächten hat nur ein Mönch gelächelt. Nur einer strahlte aus, mit sich im Gleichgewicht zu sein. Es war der mit dem Bier und dem Kreuzworträtsel in der Bohnensuppen-Bar. Mit einem einzigen Lächeln schuf er die Wärme, die auf den Klosterfluren fehlte. Woran das liegt? Wer er ist? Genug Fragen, um ein zweites Mal hinzufahren und die Antworten zu suchen. Vielleicht im nächsten Leben.

Es war einmal im Paradies ...

Kerala: wie im Märchen durch Südindien

Kurz nach Sonnenuntergang auf dem Kayamkulam-See. Schemenhaft zeichnen sich die Palmenhaine an den Ufern im letzten Dämmerlicht ab. Das Hausboot Sulapa hat Anker geworfen. Ölfunzeln flackern im lauen Tropenwind. Aus der Ferne dringt Musik auf den See hinaus – ein Tempelfest irgendwo in einem der nahen Dörfer. Strophe für Strophe kommt der Gesang näher. Leise, melodisch, sanft. Nur eine Stimme, kein Choral. Dann endlich gleitet ein Schatten durchs Blickfeld. Ein Fischer paddelt mit seinem winzigen Einbaum durch die Nacht zu seinen Netzen. Er wähnt sich ganz alleine auf dem See und singt seine Lieder. Zwischen den Zeilen holt er Luft. Am Ende jeder Strophe hält er einen Moment lang inne, als ob er zwischendurch in den Sternenhimmel staunte.

Im südindischen Bundesstaat Kerala erstreckt sich das 1500 Kilometer lange Netz der »Backwaters« aus Seen, Flüssen und Kanälen knapp hinter der Küste – oft nur ein paar Dutzend Meter vom Strand der Arabischen See entfernt.

Nur ein paar Jahre ist es her, da ging es auf den Backwaters noch zu wie heute auf den Asphaltpisten. Lastkähne besorgten den Warenverkehr zwischen Trivandrum im Süden Keralas und Calicut im Norden, zwischen Quilon und Allep-

pey. Lastwagen haben diese Aufgabe inzwischen übernommen, sind billiger und schneller. Strecken, für die die Kähne drei Tage gebraucht haben, bewältigen die höllenlauten Benzinschlucker in weniger als acht Stunden. Es ist ruhig geworden in den Backwaters.

»Du kommst von der Straße«, hatte Steuermann Sadasivan am Nachmittag bei der Abfahrt im Dörfchen Alumkadavu gesagt, »und du hast noch das Hupen der Lastwagen in den Ohren und den Staub im Gesicht. Gleich aber wirst du völlige Stille um dich herum fühlen. Du wirst nur noch das Plätschern des Wassers hören, den Flügelschlag eines Vogels, Stimmen vom Ufer. Du wirst die Reinheit der Luft schmecken und lauen Wind fühlen.«

Vier Mann Besatzung hat das Hausboot Sulapa – einen Steuermann, einen Maschinisten, der sich bei Bedarf um den 25-PS-Außenborder kümmert, einen Bootsmann und einen Koch. Wasserkarten braucht keiner der Backwater-Schiffer – wahrscheinlich könnte er nicht einmal etwas damit anfangen. Wer hier unterwegs ist, kennt seinen Weg, weiß von Sandbänken und Untiefen, ist aufgewachsen mitten in diesen Gewässern, hat als Kind den Kähnen zugewinkt, ist am Ufer neben ihnen hergelaufen, als Jugendlicher mitgefahren. Und ist arbeitslos geworden, als Straße und Lastwagen das Ende der Binnenschifffahrt in Kerala brachten. Wer konnte, schulte um auf Kapitän der Landstraße. Wer in den Werften arbeitete und einst Schiffe baute, zimmerte fortan Möbel. Bis irgendwer die Idee hatte, Fremde aus Übersee aufs Wasser zu locken, ihnen die Back-

waters zu zeigen, sie Indien abseits von Asphalt und Gestank erleben zu lassen und ihnen dafür Hausboote zu bauen. Ein paar der fünfundzwanzig Meter langen und maximal drei Meter breiten *Kettuvalam*-Lastkähne, deren Rümpfe aus dem Holz des Jackfruchtbaums ohne einen einzigen Nagel nur mit geteerten Kokosseilen zusammengezimmert und mit Cashew- und Fischöl abgedichtet wurden, bekamen daraufhin maßgeschneiderte Aufbauten verpasst: zwei Doppelkabinen mit einfachster Toilette, mit kleiner Küche, luftigem Aufenthaltsraum dazwischen, mit Dächern aus Bast und Bambus und Matten aus Kokosfasern. Die gute Idee hat inzwischen Nachahmer gefunden.

Eigentlich hätte diese Geschichte mit »Es war einmal« anfangen müssen, denn alles ist wie im Märchen. Es war einmal im Paradies, das aus Abermillionen von Kokospalmen bestand und den Namen Kerala trug. »Gottes eigenes Land auf Erden«, sagen die Einheimischen. Und damit es noch lange so paradiesisch bleibt, sollte man so tun, als sei das alles vor langer Zeit gewesen und nicht verraten, dass es in Wahrheit immer noch so ist. So waren es denn einmal stille Flüsse, aus der Not erfundene Hausboote, Palmenmeere und Menschen mit himmlischer Gelassenheit fern irdischer Hektik, die irgendwo an der Südspitze Indiens zu Hause waren.

Zeitvorstellungen geraten bei einer Backwater-Bootsreise ins Hintertreffen. Und Pläne werden dort, wo Zeit keine Rolle spielt, ständig neu geschmiedet. Gehalten wird, wo sich am Ufer ein Spinnrad dreht. Dort, wo Reis gedroschen oder

Fisch verkauft wird. Wo Menschen winken. Uhren haben hier keine Bedeutung.

Leise plätschern die Wellen am neuen Morgen. Der Wind kräuselt die Fluss- und Kanalkilometer durch den Palmenwald. Wie eine Sonnenbarke gleitet Sulapa, »die Allgegenwärtige«, still durchs Paradies.

Steuermann Sadasivan steht auf der vordersten Spitze des Kahns und stakt ihn mit einem vier Meter langen Bambusrohr gemächlich voran. Es ist, als ob die Palmen hier versuchten, sich wie Kinder eine weiter als die andere ins Blickfeld des Fotoapparates hineinzurecken – wie Bounty- und Bacardi-Werbung zusammen.

Ein Fischerboot geht längsseits. Bordkoch Reghu verhandelt kurz und kauft einen ganzen Korb voller *Karimeen* – kleine, sehr schmackhafte, grätenreiche Fische mit Pünktchen auf den Schuppen. Erstaunlich, was der schweigsame Mann mit dem Oberlippenbart auf zwei propangasbeheizten Herdplatten in der winzigen Bordküche zurechtzaubert: zu jeder Mahlzeit fünf, sechs verschiedene warme Gemüsebeilagen, dazu Reis, Fisch, knusprige *Papadam*-Brote aus Reismehl. Serviert wird all das zusammen mit höllenscharfen *Mango-Pickles* und Kokosnussraspeln auf Bananenstaudenblättern, deren Fermente von den Gewürzen der Speisen herausgelöst werden und den Geschmack abermals verfeinern. Gegessen wird auch hier mit den Fingern der rechten Hand. Während es sich die Fremden schmecken lassen, steht Reghu neben dem Tisch, freut sich an Lob und Lächeln, legt nach, sobald etwas auf den Blatttellern zur Neige geht.

Für die Einheimischen am Ufer ist das Hausboot zur Attraktion geworden. Ein paar Kinder haben sich versammelt, schauen neugierig herüber und radebrechen auf Englisch. Ein vielleicht 14-jähriger Junge will über die Reling hinweg wissen, wie es denn in Europa so sei. »Kalt« hat er noch erwartet, aber dass dort nicht mal Palmen wachsen, hat ihn erstaunt. »No palm trees?«, fragt er ungläubig. Aloysius ist sein Name, ein Hindu, auf dessen Stirn das Zeichen des Gottes Vishnu prangt. Ein anderer Junge mit unaussprechlich langem Namen trägt ein Kreuz um den Hals – ein Christ.

Kerala entspricht nicht den gängigen Indienklischees. Hier gibt es keine Auseinandersetzungen zwischen den Religionen, zwischen Hindus, Moslems und Christen, keine schrecklichen Slums im Übermaß, stattdessen eine recht gut funktionierende Gesundheitsversorgung und Schulpflicht. Selbst in den entlegensten Dörfern lernen die Kinder die Regionalsprache Malayalam, dazu Hindi und Englisch. Zeitungen erreichen gemessen an der Einwohnerzahl höhere Auflagen als anderswo in Indien. Und sogar entlang der Backwaters sieht man immer wieder Schulgebäude – zu erkennen an den üppig bestückten Bonbongeschäften gleich vor der Pforte zum Hof.

Die Sonne tropft knallrot den Horizont hinunter und verschwindet hinter den Palmen. Wieder brennen die Ölfunzeln, wieder tauchen singende Fischer auf. Und was mit »Es war einmal« beginnt, muss so weitergehen: »Und wenn sie nicht gestorben sind, dann leben sie noch heute« – irgendwo im Paradies, irgendwo in den Backwa-

ters von Kerala. Dort, wo Valsala Sasidharan zu Hause ist. Als Kind hat auch sie den Kähnen hinterhergewinkt. Ihre Mutter hat sie nicht mitfahren lassen. Das war nichts für Mädchen. Lieber sollte die Kleine kochen lernen.

Aromatischer Duftbrei wabert heute durch ihre Küche mit dem kühlen Steinfußboden im Hinterhaus. Die Backwaters sind nicht weit und wären die Palmen nicht, man könnte die Boote sehen. Die Feuerstelle blakt bereits und Kokosöl knistert in den heißen Pfannen. *Papadam*-Brote brutzeln in siedendem Fett. Helfende Hände recken sich nach Gemüse, raspeln Kokosnussfleisch, vermengen es mit Wasser, quetschen die Masse aus und wiederholen diesen Vorgang immer wieder. Was dabei entsteht, ist die eigentliche »Kokosmilch«, die vielerlei Gemüse nach dem ersten Aufkochen beigegeben wird, ehe beides zusammen erneut erhitzt wird. Gerüche vermischen sich zum Aroma einer fremden Welt, zum Geschmack neuer Erfahrungen.

Irgendwo draußen hat eine dieser umgebauten Jackfruchtbaum-Schuten festgemacht und Valsala bekommt Besuch. Auch sie hat durch die Hausbootidee neue Arbeit erhalten und tut das, was sie am besten kann. Das, was ihre Mutter immer von ihr wollte. Sie kocht. Mit Fremden. Sie zeigt ihnen, wie es geht. Valsala Sasidharan gibt indische Kochkurse.

Sie huscht umher, erklärt hier, hilft dort, wirft im Vorbeigehen schnell noch ein paar Pfefferkörner zusätzlich in einen der Töpfe. »In der indischen Küche müssen immer zuerst die Gewürze in Kokosöl angesetzt und erhitzt werden«, erklärt

sie. »Dann erst geben wir das hinzu, was eigentlich gewürzt werden soll.«

Frische Mangos, Tamarinde, Papayas, Jackfrüchte, Pfeffer, zahllose Gewürze: Im üppigen Hausgarten wächst alles im Überfluss, was sie zum Zubereiten indischer *Currys* braucht. Dabei tut die Größe der Pflanze nichts zur Sache. Die kleinsten Bananen sind aromatischer als die großen. Kleine, unreife Mangos lassen sich hervorragend für *Chutneys* verwenden, große als süße Nachspeise. Allein sieben verschiedene Kokosnusssorten wachsen in dem privaten Garten Eden. 260 Bananenstauden stehen hier, jede erdenkliche Art von Gewürzpflanzen und Knollen.

In der Küche wird geschält, geraspelt, gepellt, in Scheiben geschnitten, gewürfelt, im Mörser zerstoßen, unter der Steinrolle zermalmt, immer wieder neu gemischt, aufgekocht, abgeschmeckt, ergänzt. Ein Koch könnte hundert Hände wie die der indischen Tempelfiguren gebrauchen. Denn elektrische Haushaltsgeräte gibt es nicht. Ratternde Ventilatoren tun ihren Dienst auf der langen Holzveranda, Palmen recken sich ins Blickfeld, Schmetterlinge fliegen Zickzackkurs. Alles, was Fernweh sich wünscht – kein Luxus, dafür jede Menge Alltag. Mindestens drei Stunden dauert die Zubereitung einer kompletten Mahlzeit aus zahllosen kalten und warmen *Currys*. Gegessen wird im Freien mit Blick auf Reisfelder und Kokospalmen. Vögel zwitschern, ein lauer Wind weht. *Rava Uppma, Rasam, Pineapple Kichady, Drumstick Dhoran, Utapam, Jackfruit-Curry, Mango-Pickles, Karimeen,* Reis, Cashewnüsse, dazu immer wieder Kokosraspeln, um im Zweifelsfall für eu-

ropäische Gaumen übermäßige Schärfe zu mildern …

»Das hier«, sagt sie, »ist kein Restaurant, kein Hotel, nichts, was ihr kennt. Das hier ist eine Erfahrung. Hier ist alles offen für die Gäste. Es ist ein Privathaus und du bist Gast im Haus einer keralitischen Familie, kannst so leben, wie es üblich war, bevor es Strom, Kühlschränke und Fernseher gab. Ein Gast ist für uns wie ein Gott. Du kannst dir das Kochen beibringen und dich in die Geheimnisse der indischen Küche einweisen lassen. Du kannst in diesem Haus überall hingehen. Alles steht dir offen – anders als im Hotel. Anders als im Restaurant.«

Sie lächelt wie die gute Fee im Märchen, wie in einer Es-war-einmal-Geschichte, wie in einer Das-kann-doch-jetzt-nicht-mehr-so-sein-Story. Und dann sagt sie noch etwas: »Fremde sind für uns Freunde, die wir bloß noch nicht kennen.« Hoffentlich führt nie Asphalt bis zum Haus von Valsala Sasidharan. Und hoffentlich werden die Schilf-und-Bambus-Boote nie gegen Plexiglasyachten ersetzt. Es wäre so schade, aus diesem Traum aufwachen zu müssen.

55 Kilometer bis zur nächsten Straße

Paso de los Torros in Uruguay: Hausbesuch bei achttausend Rindern, zweitausend Schafen und fünfhundert Pferden

Nur acht Wagen tuckern an diesem Nachmittag zwischen zwei und sechs Uhr über die einzige Straßenkreuzung in Paso de los Torros. Fünf sind nicht weiter auffällig, drei sind museumsreife Oldtimer – Baujahr irgendwann in den zwanziger Jahren. Zwei überladene Kleinlaster holpern über den Bahnübergang und eine fingerdicke Schlange sonnt sich zwischen den Schienen. Wenig los diesen Donnerstag, kein Gedränge mitten in Uruguay. Es ist ein Nachmittag wie jeder andere. In Zentraluruguay ist nie viel los und die Zahl der Pläne überwiegt die der Taten im Großen wie im Kleinen seit acht Jahrzehnten. Die beste Zeit der Rinderbarone ist vorbei, als die Großgrundbesitzer der Region noch immensen Reichtum anhäuften und auf ihren Ländereien weiden ließen, was Europa zu essen bekam. In Frachtern brachten sie ihre Rinder über den Ozean und mit Geld und Luxusgütern kamen die Schiffe aus England, Frankreich und Spanien wieder zurück nach Südamerika. Der Boom war kurz und kaum eine Familie, die damals reich wurde, ist es auch heute noch.

»Eigentlich wollte ich Pirat werden«, erzählt Don Luis Ignacio Pardo Santayana. »Das war

mein Berufswunsch als Kind. Und dann kam doch alles ganz anders. Meine Eltern hatten diese Ranch, ich bin der älteste Sohn. Das Land ist Verpflichtung.« Fünf Fahrtstunden ist seine *estancia* »La Calera« bei Paso de los Torros von der uruguayischen Hauptstadt Montevideo entfernt, fünf Stunden von der einen Welt in die völlig andere. »Früher hatte ich ein Flugzeug – da war der Trip in weniger als einer Stunde geschafft. Das wurde zu teuer. Heute habe ich immer noch einen Pilotenschein und eine 1,2 Kilometer lange Landepiste neben der *estancia*. Ein tolles Gefühl. Nur habe ich kein Flugzeug mehr.« Er grinst breit und seine Augen schauen ein bisschen selbstironisch, ein bisschen hilflos. Sekunden später gibt Santayana sich wieder aristokratisch: kerzengerade Haltung, kontrollierte Züge, distanzierter Blick. Das graublaue Haar ist streng nach hinten gekämmt. Mit diesem Kopf hätte er Dirigent werden müssen – oder vielleicht doch Pirat.

In der Hand hält er seine allgegenwärtige Reitgerte, so wie andere Leute ständig Aktenmäppchen oder Handtasche mit sich herumtragen. Die obersten drei Knöpfe seines rotweiß gestreiften Hemdes sind aufgeknöpft, ein schmales rotes Tuch ist um den Hals geknotet, der Gürtel gut zehn Zentimeter breit und mit Silberornamenten verziert. Santayana strahlt Macht und Besitz aus – und er ist mit seinen knapp sechzig Jahren durch und durch südamerikanischer Macho. Seine mindestens fünfunddreißig Jahre jüngere Freundin lässt sich von ihm nach Gutdünken dirigieren. Immer muss sie ein kleines Stück hinter ihm bleiben – beim Ausreiten ebenso wie beim

Foto am Pferdegatter. Und es scheint ihr gut zu gefallen.

Pisten aus Schotter und roter Erde, kein Straßenschild, kein Wegweiser weit und breit. Achtzig Kilometer ist die Ranch vom nächsten nennenswerten Ort entfernt, fünfundfünfzig von der nächsten asphaltierten Straße, von Paso de los Torros. Eine *estancia* in der Einsamkeit, gegründet 1887, rechtzeitig vor dem Rinderboom von Santayanas Ururgroßvater.

Vier Tage braucht Don Luis, um seine Ländereien in der Pampa Uruguays einmal komplett zu umreiten: Vier Tage lang der kilometerweit durch nichts unterbrochene Blick vom Pferderücken über sein leicht hügeliges Weideland. Vier Tage reiten durch Furten, über vergessene Eisenbahngleise und zugewucherte Pfade, rasten unter Eukalyptusbäumen. Jeder Quadratmeter kostet, denn er muss gegen den Urwald verteidigt werden, der sich das Land Stück für Stück zurückholen will. Santayana ist *estanciero* – die südamerikanische Variante des Ranchbetreibers, ein Großgrundbesitzer mit achttausend Rindern.

Zwanzig Gästezimmer gehören seit kurzem zu seinem Anwesen, außerdem Konferenzeinrichtungen, Billardsalon, Pool, ein neuer Landeplatz für Hubschrauber. Santayana hat die Zeichen der Zeit erkannt, hat investiert und wartet nun darauf, dass es irgendwer bemerkt, die Reise ins Rinderland antritt und das Geld zurück in die Kassen bringt: »Nur mit Rindern kannst du heute nichts mehr verdienen. Du zahlst drauf. Im Fremdenverkehr steckt die Zukunft für Paso de los Torros, in der *Gaucho*- und Gutsherrenromantik

vergangener Tage.« Damit will er seine Wüste in Grün auf die Weltkarte heben und den Familiensitz in die neue Zeit hinüberretten.

Fernsehen gibt es im Hause Santayana nicht. Im Wohnsalon ersetzen offene Kamine die Mattscheibe. Die Zimmer der künftigen Urlauber sind in einem ehemaligen Stall untergebracht, in dessen rotbraun verputzte Wände Fenster hineingebrochen wurden. Sie sind rustikal eingerichtet, haben alle ein eigenes Bad, Kamin und Deckenventilator. Die Betten sind bezogen, als kämen jeden Moment die ersten Gäste, und unter dem braunen Schirm der Nachttischlampe hat sich bereits eine Spinne eingerichtet. Jeden Morgen kräht ein Hahn vor der Zimmertür, obwohl es noch niemanden zu wecken gibt.

Zäune zählen für die erhofften Gäste nicht. Verschlossen bleiben lediglich die Privaträume der Mitarbeiter und der Familie Santayana: »Jeder hier kann jeden Hektar erkunden, wenn er will – nur muss er Zeit mitbringen, denn es ist ein großes Stück Land«, referiert der Hausherr. Tagsüber sollen die Ranchurlauber mit den *gauchos* ausreiten, beim Eintreiben der Rinder helfen, bei den Geburten der Kälber zusehen, dem Impfen, beim Kastrieren der Stiere, Hand anlegen beim Melken der Kühe, beim Striegeln der Pferde und miteifern beim *gaucho-rodeo* auf der Weide.

Das hämmernde Stakkato der Pferdehufe wirbelt Staub auf. Lassos surren durch die Luft. Der Hütehund kläfft mit aller Kraft gegen das lärmende Getrampel der herannahenden Herde an und weist Ausreißer zurück in ihre Bahn: Die Rinder teilen sich das Weideland mit zweitausend Scha-

fen und fünfhundert Pferden – alle mit geschwungenem »S« als Brandzeichen auf dem Oberschenkel. Derselbe Buchstabe ziert großformatig die Gardinen aller Räume der Ranch, prangt auf Möbeln und Geschirr. Der Hausherr ist allgegenwärtig – und sei es nur mit dem Familieninitial.

»La Calera ist Millionen Meilen entfernt vom modernen Alltagsleben«, schwärmt der Pirat der Pampa. »Die *estancia* liegt mitten in der Natur, ist eingebettet in die Traditionen dieses Landes, tief verankert in der *Gaucho*-Kultur, wo Werte wie Respekt, Ehre und Stolz gelten. Wer hier ist, vergisst die Zeit.«

Der Blick des Hausherrn ist offenbar noch weiter in die Zukunft gerichtet: Auf seinem Schreibtisch liegt die spanische Ausgabe des Bill-Gates-Buches »Der Weg nach vorn«. Das Lesezeichen steckt irgendwo in der Mitte.

Wer auf einer *estancia* lebt, genießt Vollpension – egal ob Gast, *gaucho* oder Hausherr. Fleisch in rauen Mengen. Köchin Rosa zaubert Rind in jeder erdenklichen Zubereitungsvariante auf den Tisch und kombiniert es mit gefüllten Auberginen oder mit Melonen. 95 Kilo Fleisch vertilgt der Durchschnittsuruguayer im Jahr – Weltspitze zusammen mit den nicht minder fleischeslustigen Argentiniern. Aufgetragen wird für die einen im großen Salon, für die anderen im Freien, gegessen mit klassischer Musik als Untermalung. Ausreichend Geschirr für die künftigen Gäste hat Rosa bereits im Schrank stehen. Benutzt wurde es noch nicht oft.

Die Eukalyptusbäume werfen lange Schatten, wenn die Sonne gemächlich hinter den sanften

Hügeln abtaucht und die *gauchos* mit ihrer sonnengegerbten Lederhaut ums Lagerfeuer sitzen, palavern, den Tag Revue passieren lassen und auf die Fremden warten, die ihnen ihr Chef angekündigt hat. Einer hat sein Moped an den Baumstamm gelehnt – Feierabendfahrzeug für jemanden, der das Pferd nur im Dienst nutzt. Ein paar Schritte weiter grasen kapitale künftige Big Macs im Sonnenuntergang und auf den Weiden gegenüber die Whopper, während das Sternenzelt langsam auf den Himmel gespannt wird.

Don Luis wippt im Schaukelstuhl auf seiner Veranda. Durch die Blätter der Büsche schimmert das Türkisblau des Swimmingpools, den er jetzt nur mit seiner Freundin teilt und in den künftig auch die erhofften Fremden hineinspringen dürfen. »Manchmal«, sagt er, »manchmal versuche ich heute noch, hier draußen ein bisschen Pirat zu sein. Unabhängig. In völliger Freiheit. Und immer mit voller Kraft voraus.« Seiner Freundin gibt er einen Klaps auf den Po – ganz so wie seinem treuen Gaul. Ganz Macho, ganz Südamerikaner. Und sie strahlt seelig.

Radarfallen am Strand

Fraser Island: auf der größten Sandinsel der Welt

Der fliegende Straßenbahnwaggon mit Gepäcknetz und Wellblechwand schaukelt durch das allnächtliche Gewitter – in 4500 Meter Höhe von Brisbane aus nordwärts die Küste von Queensland entlang. Eine unförmige Propellermaschine mit Kurs auf Hervey Bay in Ostaustralien. Irgendwer scheint versuchsweise Flügel an das Schienenfahrzeug getackert zu haben, und weil es tatsächlich abhob, ist es jetzt im Liniendienst unterwegs. Kaffee schwappt aus der Plastiktasse auf den Flugzeugsitz: »Well, a little bumpy tonight«, meldet sich der Captain über Bordmikrofon. Wieder eines dieser Schlaglöcher am Himmel. »But don't worry.« Es ist, als ob die Schienen für diesen fliegenden Straßenbahnwaggon unsauber verlegt worden wären.

Der Aufruf zwanzig Minuten zuvor im Wartesaal des Airports war wenig mutmachend: »First and final call for Sunstate Airlines.« Die Lady, die eben noch am Schalter gesessen und die Durchsage gemacht hat, öffnet das Tor zum Vorfeld, wo dreißig Meter entfernt die merkwürdige Maschine wartet, überholt die Gänsemarsch-Schlange der neunzehn Passagiere und baut sich vor der Flugzeugtür der Shorts-SD-360-300 auf. Sie kontrolliert die Bordkarten und stellt sicher, dass beim Einsteigen immer nur einer auf der Trittlei-

ter steht. Später ist sie es, die die Tür schließt – von innen, und anschließend bindet sie sich ein Schürzchen um und serviert den Kaffee, der im Dunkeln irgendwo über Palmen und Eukalyptuswäldern aus dem Becher schwappt. Der Weg nach Hervey Bay, Endstation der himmlischen Straßenbahnfahrt, ist keine Strecke, um die sich die Airlines prügeln und auf der sie ihre neuesten Prestigejets einsetzen. Der Ort ist Ausgangspunkt für die, die nach Fraser Island weiterreisen möchten. Von Hervey Bay aus setzen die Boote über zur größten Sandinsel der Welt.

Die Insel, hundertzwanzig Kilometer lang und zwischen sieben und fünfundzwanzig Kilometer breit, ist fast komplett als Nationalpark ausgewiesen und von der UNESCO als Weltnaturerbe der Menschheit unter besonderen Schutz gestellt worden. Ihre Sandböden sind extrem nährstoffarm und dennoch von Mangroven und Regenwald im Wechsel mit bis zu 250 Meter hohen Dünen überzogen. Viele seltene Pflanzen- und Tierarten bis hin zu verwilderten Pferden sind hier zu Hause. Ortschaften gibt es auf Fraser nicht.

Bernie Morgan ist der Chauffeur des Inselhotels und zuständig für die letzten Kilometer der Anreise. Sein Boot wartet am Kai von Hervey Bay auf Gäste und Gepäck. Zwanzig Minuten wird die Überfahrt dauern – »Wenn wir keinen Wal rammen«, lacht der kleinwüchsige Seebär und was wie ein Spaß klingt, war doch ernst gemeint. »Die tummeln sich hier in Scharen und sind in der Dunkelheit schwer zu erkennen.« Bernie ergreift Maßnahmen, die das Risiko nicht unbedingt minimieren, dafür aber die Zeitspanne ver-

kürzen, die man auf seinem Schnellboot der Gefahr ausgesetzt ist: Er gibt Vollgas. Und er stellt sich auf die Apfelsinenkiste, die unterm Steuerrad auf dem Schiffsboden fixiert ist, damit er zumindest die Höhe der Fensterunterkante erreicht. Reckt er den Hals, dürfte er ein bisschen von der Außenwelt sehen können. »Die Wale«, flüstert einer, »wissen, dass er jetzt unterwegs ist. Sie sind besonders vorsichtig.«

Regulär setzt sechsmal pro Tag eine kleine Fähre von Hervey Bay aus auf die Insel über, auf der ausschließlich Allrad-Geländefahrzeuge zugelassen sind. Nur sie kommen mit den tief zerfurchten Sandpisten zurecht.

Für die Campingerlaubnis kassiert die Nationalparkbehörde umgerechnet rund fünf Euro pro Tag – die Freiheit, (fast) überall das Zelt aufzuschlagen inklusive: wahlweise auf Plätzen im Dschungel, am Ufer kristallklarer Creeks oder direkt in den Dünen am Strand. Wer es weniger wildnisverbunden will, mietet sich im komplett nach ökologischen Aspekten erbauten Hotel Kingfisher Bay oder einem der Guest Houses ein – und wird auf Wunsch von Bernie abgeholt.

Vormittag am breiten Ostküstenstrand: Von irgendwoher röhrt ein Motor. Und obwohl die Geräuschkulisse immer stärker anschwillt, schaut niemand vom Badelaken auf. Normalität auf Fraser, denn bei Ebbe wiederholt sich das Geräusch jede halbe Stunde. Keiner wundert sich, wenn es ein paar Dutzend Meter weiter rumpelt und Gerry Gelch seine Cessna auf dem Strand aufsetzen lässt. Der »Flughafen« von Fraser ist nur alle sechs Stunden geöffnet, wenn die Ostküstensträn-

de bei Niedrigwasser auf über einhundert Meter Breite wachsen. Tower oder Pistenbefeuerung gibt es nicht, Asphalt auch nicht, und nur einer hat die Ausnahmegenehmigung, den »Airport« zu nutzen.

Für Pilot Gerry ist der Strand Runway für seine fünfsitzige Cessna, mit der er Inselrundflüge durchführt. »Du brauchst Erfahrung, um hier starten und landen zu können«, erzählt er. »Du musst wissen, wie fest der Sand ist, wie hier der Wind weht. Du musst mit der Schräglage der Piste und den Bächen zurechtkommen, you know.« Aha. »Das ist nicht jedermanns Sache, das musst du erst mal üben.« Er lacht und zieht den grünen Cowboyhut ein bisschen tiefer in die Stirn.

In den Landkarten ist der breite Ostküstenstrand offiziell als Highway ausgewiesen, obwohl es keine Straßenmarkierungen oder Verkehrsschilder gibt. Es gelten die Standardregelungen – Linksverkehr wie überall in Australien, dazu die übliche Landstraßenhöchstgeschwindigkeit von achtzig Stundenkilometern. Wichtigste Sonderregel am Strand, der obendrein die Nord-Süd-Hauptstraße der Insel ist: Flugzeuge haben immer Vorfahrt.

Dieser Strand aus besonders festem, goldgelbem Sand ist der einzige Highway des Landes, der nur alle sechs Stunden für weitere sechs Stunden genutzt werden kann – und gleichzeitig als Airport dient. Bei Flut schluckt das Meer weite Teile der Piste. In der Hochsaison, wenn viele junge Australier zum Feiern auf Fraser sind, soll die Polizei schon Radarfallen im Sand aufgebaut, kostenpflichtige Erinnerungsfotos von Beach-Ra-

sern geschossen und obendrein Alkoholkontrollen durchgeführt haben.

So schön der Strand ist – hier badet keiner. »Das Hai-Risiko ist zu groß«, sagt Ranger Scott O'Reilly, der immer wieder Leute warnen muss. »Die Haie kommen hier sehr nah an die Küste und sind eine Gefahr für Schwimmer.« Der beliebteste Badestrand liegt daher im Inselinneren: schneeweißer Sand, auf dem die türkisblauen Miniwellen des Lake McKenzie ausrollen – ein Traumstrand ganz ohne Risiko. Und auch die Wassertemperatur ist angenehmer als im Ozean – ganzjährig um die 27 Grad. Knapp vierzig Seen zählt Fraser insgesamt.

Wer eine Erfrischung sucht, watet durchs glasklare, kühle Wasser des Eli Creek vorbei an einer Dschungellandschaft aus Sträuchern, Palmen und Farnen: »Das Wasser, das jetzt durch den Creek fließt«, sinniert Scott, »ist vor sechzig Jahren als Regen gefallen. So lange dauert es, bis es vom mineralhaltigen Sand gefiltert ist und wieder an die Oberfläche tritt.« Am Ufer picknickt eine Gruppe junger Leute, trinkt zu Sandwiches das Wasser des Creeks, wird aus den Baumwipfeln von Kakadus beäugt und lässt sich auch von hastig vorbeiflitzenden Leguanen nicht aus der Ruhe bringen.

Vor Minuten erst hat der Regen aufgehört und schon kommen die Dingos aus ihren Verstecken. Klatschnasse Wildhunde drücken sich am Buschwerk entlang und verschwinden im Schilfgürtel der Sümpfe. Klar konturierte Blitze waren hoch über den Eukalyptusbäumen vom Himmel gefahren. So plötzlich wie das abendliche Gewitter aufkam, so schnell sind die Wolken verschwunden.

Das Milchstraßenband leuchtet derart schön und hell über der Insel, dass Gerry und Scott bis tief in die Nacht beisammensitzen, den Kopf in den Nacken legen und wortlos gen Himmel träumen. Irgendwo da oben rumpelt wahrscheinlich gerade ein Straßenbahnwaggon zwischen den Sternen hindurch Richtung Hervey Bay, während der Schaffner irgendetwas von »a little bumpy tonight« nuschelt.

Pianomusik zum Tanz der Wellen

Minnesota: im Land der Großen Seen Nordamerikas

Es duftet nach Apfelkuchen und Zimttee. Es riecht nach Gemütlichkeit, nach Entspannung, nach sehr viel Abstand vom Alltag. Im Kamin knistert Feuer, während draußen vor der Hütte ein Sturm die Wassermassen des Lake Superior neu sortiert. Wellen zerbersten mit urzeitlichem Donnerkrachen nur ein paar Meter entfernt an den Uferfelsen in Tausende Tropfen. Die Hütte bei Tofte am Lake Superior im US-Bundesstaat Minnesota ist ein Platz für Komponisten, für Maler, für alle, die Inspiration suchen: brennende Birkenscheite im offenen Kamin, Meeresrauschen in den Ohren, vom Wind zerzauste Bäume und die Wellenberge des Sees im Schein der untergehenden Sonne vorm Fenster, all das unterlegt mit Pianomusik vom CD-Spieler. Draußen auf den Wellen tanzt ein letzter Fischkutter im Abendlicht und in den Wäldern rund um den See sagen sich Wolf und Schwarzbär »Good night«.

Über 82.382 Quadratkilometer erstreckt sich der Lake Superior als einer der fünf Großen Seen Nordamerikas, geht über in den Lake Huron und bildet die Grenze zwischen den USA und Kanada. In heimischen Atlanten ist sein Name langweiliger: Oberer See. Kein Klang. Nichts, was Träume entfacht. Seine Größe entspricht etwa der Fläche

Österreichs. An der breitesten Stelle misst er knapp 220, an der längsten 480 Kilometer. Der Sears Tower aus Chicago, mit seinen über hundert Stockwerken lange Zeit das höchste Gebäude der Welt, würde an der tiefsten Stelle aufrecht hineinpassen und nur wenige Stockwerke ragten aus dem Wasser.

Die Gegend an der Südwestküste dieses Sees ist das Nirgendwo der Leute aus Minneapolis/St. Paul und Umgebung. Ihr Wochenendversteck. Ihre private Wildnis vor der Wolkenkratzertür – fünf Fahrtstunden nördlich der Bankentürme. Edelschuhwerk wird gegen Wanderstiefel getauscht, das Büro gegen eine Hütte am Ufer, das Auto gegen ein Kanu. Eine Gegend, in der man noch heute das Gefühl der Gründergeneration Amerikas erleben kann: einmal Trapper sein.

Auf der weniger windgezausten Seenplatte Minnesotas im Hinterland der Großen Seen gehen die Städter auf Kanu-, auf Mountainbike- oder Wandertour – all das in einer Region, wo einst die Dakota-Indianer die Regeln bestimmt haben und es noch heute die Ausnahme ist, unterwegs außerhalb der wenigen Orte auf andere Menschen zu treffen.

Auch Stilblüten der amerikanischen Geschichte lassen sich hier beobachten: Aus schlechtem Gewissen hat der weiße Mann dem roten erlaubt, in seinen Reservaten Casinos zu eröffnen, was in den meisten anderen US-Bundesstaaten strikt verboten ist. Es blinkt und scheppert seitdem ein paar Kilometer vom alten Fort von Grand Portage entfernt am Ufer des Lake Superior. Ein Flecken

Nirgendwo als Reiseziel der Glücksritter. *Gambling*, wo einst nichts als ein palisadenumzäunter Vorposten der Trapper und Pelzhändler im Indianerland gewesen ist.

Hunderte Einarmige Banditen zucken hektisch, senden Lichtblitze aus, rattern im Chor. Der weiße Mann verjubelt sein Geld, der rote verdient. Und auch die Regeln bestimmt der, der kassiert: Fotografieren verboten. Ein verspäteter Rollentausch. Kleingedruckt steht in dem Casinoprospekt von Grand Portage »Ein Unternehmen der Dakota-Gruppe«. Aus ihrer Sprache stammt der Begriff Minnesota. Er bedeutet »Himmelfarbenes Wasser«.

Gleich an der Rückwand des schmucklosen Flachbaucasinos mit Gewerbegebiet-Chic und unerwartetem Flauschteppichboden rund um die Blinkkisten beginnt die Wildnis. Kein Auswärtiger hätte hier freiwillig investiert, niemand den großen Parkplatz in die Tannenschonung planiert, das Glücksspiellagerhaus hochgezogen, ein Restaurant daneben gezimmert. Nicht mal Zocker hätten einen Cent auf das Wildniscasino gewettet. Trotzdem brummt der Laden. Aus arbeitslosen Dakotas wurden Casinoputzfrauen oder Croupiers, Wachleute, Geldwechsler. Wo einst die Vorfahren Büffel häuteten, polieren ihre Nachkommen heute die Blechblenden der Spielautomaten auf Hochglanz. Und nachdem einst Fremde kamen, Glasperlen verteilten und Land klauten, kommen deren Nachkommen heute zum Bezahlen zurück. Mit echtem Geld, das ihnen die Unterdrückten von einst auf dem kleinen Umweg über Automaten und Spieltische aus den Taschen zie-

hen. Nachteil für den weißen Mann und seine ebenso spielfreudige Frau: Die preiswerten Glasperlen sind inzwischen out.

Bei Kevin Walsh ist es stiller, grüner und es gibt nur einen kleinen Parkplatz neben seinem Haus. »Eigentlich haben wir hier draußen nur zwei Jahreszeiten«, sagt er verschmitzt und reibt sich die tellergroßen Hände. »Vierter Juli und Winter!« Er grinst breit. Kevin, 44 Jahre alt, ist Fischerei-*Guide*, lebt und arbeitet eine dreiviertel Fahrtstunde abseits der letzten asphaltierten Straße in den Wäldern Minnesotas. Die Spieltische der Indianer sind eine Autostunde entfernt.

Auch wenn er behauptet, der Sommer währte hier nur einen Tag: Der Mann liebt sein Land, die Abgeschiedenheit, die Wildnis, diesen letzten Rest in die Gegenwart hinübergerettetes Trapperleben. Sein Haus ist nie abgeschlossen – nicht mal wenn er im Januar für zwei Wochen zum Sonnetanken nach Mexiko fliegt: »Crime? Not out here«, ist sein kurzer Kommentar. Auch Basset Gertrud ist nicht als Wachhund gedacht. Die alte Lady ist taub.

Kevin sieht aus wie der Mann aus der Zigarettenreklame: Tarnanzug, Fünftagebart, olivgrüne Baseballkappe, den heruntergebrannten Rest einer Zigarette im Mundwinkel. Kevin ist cool, aber kein Macho. Er wirkt hart, aber spielt im Kassettenrekorder seines Geländewagens nichts anderes als flirrende Meditationsmusik mit Sphärenklängen. Töne, bei denen er am liebsten im Schneidersitz Auto fahren, die flachen Handteller aneinanderlegen und »Ommmmm« rufen würde. Geräusche, bei denen er wahrscheinlich eine

Windschutzscheibe aus Spezialglas braucht, damit sie bei den hohen Frequenzen nicht in zigtausend Puzzlestücke splittert. Ein weicher Kerl im »Lonely Rider«-Kostüm. Böse wird er nur, wenn Schwarzbären sich an seinen Mülltonnen vergreifen und mit dem Blechdeckel herumlärmen. Schon oft hat er sie mit Steinwürfen und Geschrei vom Grundstück vertrieben. Der Wettstreit darüber, wer lauter Krach machen kann und wessen Eifer sinnvoller ist, stört niemanden, denn kaum einer käme als Zufallszeuge der Showeinlage im Wildnisalltag in Frage.

Auf der Seenplatte im Binnenland von Minnesota findet im Gegensatz zum Lake Superior kein kommerzieller Fischfang statt. Stattdessen sind Freizeitangler dort auf dem Gunflint Lake und seinen Nachbarseen mit ihren Booten unterwegs, campieren auf menschenleeren Mini-Inseln, grillen die Angelausbeute am Lagerfeuer.

Kevin fischt bevorzugt nach *walleye* – eine Art Zander. An diesem Morgen ist die Ausbeute dünn. Fast zwei Stunden dauert es, bis der erste Fisch angebissen hat. Die Gedanken reisen in der Zwischenzeit über Nebelschwaden im Uferbereich hinweg, tauchen hinein in die wie ein Tuschkasten schillernden Farben der Herbstwälder.

Aus trockenem Holz macht Kevin Feuer auf den Felsen einer namenlosen Insel, filettiert in rasender Geschwindigkeit den gefangenen *walleye*, schleudert die Reste in den See zurück, brät die Filets zusammen mit mitgebrachten Kartoffeln in der Pfanne überm Lagerfeuer. Eine halbe Stunde später erinnert nichts mehr daran, dass hier Menschen gewesen sind und Rast gemacht haben. Das

Feuer ist gelöscht, Müll und Geschirr sind an Bord verladen.

Die Grenzen zwischen dem US-Bundesstaat Minnesota und der kanadischen Provinz Ontario sind im Seengebiet fließend. Offiziell muss man sich in einem Zollblockhaus mitten in der Einöde melden, wenn man die Grenze passieren will. Kompliziert macht die Sache, dass nur Ortskundige das Blockhaus finden. Gerade die ignorieren die Vorschrift aber viel lieber. Das Häuschen ist ohnehin nur zwischen 15. Mai und 15. September besetzt. Danach ist alles wie in vergangenen Trappertagen: kein Zoll, keine Bürokratie, Grenzen nur auf dem Papier.

Wenn Kevin auf eine Landkarte schaut, dauert es einige Zeit, bis er sich dort zurechtfindet. In seinem Alltag braucht er keine. Er kommt mit den patentgefalteten Dingern nicht klar. Die Birken, an denen er sich orientiert, sind nicht eingezeichnet, die Uferfelsen nicht, und auch die Windbrüche in den Wäldern fehlen. Warum eine Karte benutzen? Er kramt sie allenfalls am Ende einer Tour hervor, um etwaigen Gästen den ungefähren Weg zu zeigen, den man zusammen zurückgelegt hat.

Wer den Überblick im Gewirr der tausend Seen und der abertausend Inseln behält, kann vom Gunflint Lake aus per Kanu bis zum Lake Superior paddeln – dorthin, wo der Wind den See zum tosenden Ozean macht. Dorthin, wo die Indianer ihr Casino errichtet haben. Kevin kennt den Weg und war noch nie dort. Er lebt heute das Leben, das die Indianer aufgegeben haben. Dazu braucht er kein Casino. Nur ein Boot, einen See,

seinen Orientierungssinn, eine Angel, ein Feuerzeug und möglichst irgendein Gerät, auf dem er diese CDs mit den tollen Sphärenklängen abspielen kann. Das einzige kleine Zugeständnis an die Gegenwart.

Piranhas unterm Kiel

Am Orinoco in Venezuela: zwischen Mückenschwärmen und Süßwasserdelfinen

Anderswo nennt man so etwas Segelflugzeuge. In Puerto Ayacucho ist man da schlichter, spricht einfach von *mosquitos* und jagt diese Monstermücken trotz ihrer eindrucksvollen Spannbreite mit der Fliegenklatsche durch die lehmigen Straßen am Orinoco-Ufer und über die Decks der hölzernen Flussboote. In der Morgen- und Abenddämmerung ist Flugschau im Süden Venezuelas – Tribut an die Ufersümpfe am drittgrößten Fluss Südamerikas.

Scharenweise überfallen kapitale Mücken die heruntergekommene Kleinstadt und ihre Flussschiffer tagtäglich bei ihrer Jagd auf unbedeckte Haut. Manche dieser Blutsauger können auch nachts keine Ruhe geben, schleichen sich durch rissige Fliegengitter bis hinein in die Kammern der einfachen Quartiere und setzten die Jagd fort – diesmal mit einem Geräusch, als hätten die Segler einen Hilfsmotor von Rennboot-Außenborder-Ausmaßen zugeschaltet.

Orinoco-Anwohner haben sich ihrem Schicksal ergeben. Und die wenigen Reisenden, die es in diese Region verschlägt, sind lernfähig. Sie turnen nachts so lange zwischen Hängematte und Fliegenklatsche herum, bis der letzte ruchbare Plagegeist erlegt ist. Wer auch immer auf dem Dschun-

gelstrom unterwegs ist, beginnt seine Bootstour deutlich nach der Morgendämmerung und lässt sie ebenso klar vor Einsetzen der Abenddämmerung enden, um den letzten Rest juckreizhemmender Salbe im Tubenfalz noch in den nächsten Tag hinüberretten zu können.

2736 Kilometer misst der Orinoco von der Quelle bis zur Mündung. Auf 1930 Kilometern ist er durchgehend schiffbar – vom Delta, das sich über eine Fläche von der Größe der Schweiz ausdehnt, bis hinauf nach Puerto Ayacucho im venezolanischen Dschungel-Bundesstaat Territorio Amazonas im äußersten Süden des Landes.

Kurz hinter diesem Vierzigtausend-Einwohner-Städtchen aus Wellblech, Draht und ein bisschen Mörtel verhindern die Raudales-de-Atures-Stromschnellen die Weiterfahrt stromaufwärts. Vor allem wenn der Pegel des Flusses in der Regenzeit bis zu fünfzehn Meter höher ist, quirlen sie das Wasser schaumig. Sandbraune Uferkrusten und glatt geschliffene Felsen hoch wie Nordsee-Deiche deuten an, zu welchen Dimensionen dieser Fluss fähig ist. Über einen halben Kilometer breit ist er dann selbst hier an seinem Oberlauf.

Weiter südlich haben die Yanomami-Indianer ihre Rückzugsgebiete in den Tiefen des Urwalds. Wer in die so genannten Indígena-Gebiete reisen will, benötigt eine behördliche Sondergenehmigung, dazu Boot, Kompass und einen ortskundigen Führer.

In unmittelbarer Nähe von Puerto Ayacucho, 1924 gegründet, hausen Guahibo- und Piaroa-Indios – manche in wackeligen Wellblechquartieren

am Stadtrand, andere ein paar Flusswindungen abseits und in Ruhe, wieder andere in hergerichteten Rundhütten, in denen sie sich als Fotopunkte an die wenigen fotografierfreudigen Fremden verkaufen und den Ertrag in Alkohol investieren.

Rosa Süßwasserdelfine treffen sich stets gegen elf Uhr vormittags in einer Bucht auf dem Orinoco gut zwei Kilometer stromabwärts des heruntergekommenen Goldsuchernests, um Menschen zu beobachten. Die tuckern dort immer um diese Zeit mit altersschwachen Holzkähnen scheinbar sinnlos in Schlangenlinien herum. Die Süßwasserdelfine wissen genau, wann die Menschen da sind, denn die klopfen zur Begrüßung mit der flachen Hand auf den Rumpf ihrer Boote – offenbar, um die Schussbereitschaft ihrer Fotoapparate oder Einsatzbereitschaft ihrer wissenschaftlichen Instrumente zu signalisieren. Und sie scheinen Spaß daran zu haben, ihr Gesicht von den Delfinen abzuwenden. Immer schauen sie alle auf derjenigen Seite ihrer schmalen, zwölfsitzigen Langboote über die Reling, an der die Tiere garantiert gerade nicht sind. Die dagegen springen kurz auf der »falschen« Seite aus den schlammig braunen Fluten, tauchen vergnügt unter den Kähnen hindurch zur anderen Seite. Die Menschen starren dann schon wieder in Gegenrichtung. Ein Ritual, das sich minutenlang wiederholt. »Spielverderber«, werden die Delfine denken, die gerne vor den Augen der Besucher ihre neu choreografierte Familienshow getanzt hätten. »Spielverderber«, werden auch die Menschen gedacht haben, die von den seltenen Flussdelfinen nur die Rückenflossen zu sehen bekommen.

Immerhin, sie haben den Beweis für die Existenz der vom Aussterben bedrohten Süßwassersäuger gesehen. Und sie wissen jetzt, warum die Flussdelfine als »rosa« gelten. Ihre Körper, die etwas gedrungener als der von Flipper geformt sind, schillern zartrosa.

In Europa bekannt wurden diese Tiere erst durch die Berichte Alexander von Humboldts, der den Orinoco in den Jahren 1799/1800 erstmals erforscht hat. Eines der Rückzugsgebiete der Süßwassersäuger ist heute der Oberlauf. Eine Begegnung mit den Delfinen gilt anderswo als seltenes Beobachterglück und ist in den Gewässern rund um Puerto Ayacucho doch an der Tagesordnung.

Juan José lebt von diesem Besucherglück. Naturfreunde, die es nach Puerto Ayachucho verschlägt, zieht es auf sein schmales und fast kielloses Boot. »Ich bin jetzt euer Vater und eure Mutter, eure Krankenschwester und euer Rettungsschwimmer, euer Lehrer und euer Guide«, stellt er sich vor. Der drahtige Mann dürfte um die 65 Jahre alt sein und lebt seit gut drei Jahrzehnten im Dschungel – erst als Farmer, jetzt als Vater und Mutter der ausländischen Besucher. Jeden Felsen kennt er, jede Stromschnelle, die Verstecke der Delfine, ihren Zeitplan. Er kennt die zartgrünen Pflänzchen, die sich in die Lavamulden der Berge am Ufer ducken, er weiß, wo sich die Piranhas tummeln, die in Venezuela *caribe* genannt werden – und er angelt sie an dicken Haken, um sie später über dem Lagerfeuer zuzubereiten.

Humboldt, bekannt für seine schwärmerische

Ader, war begeistert von den Stromschnellen und Lavabergen, von Flora und Fauna dieser Region: »Das Schönste und Anmutigste, was ich je gesehen habe«, notierte er vor über zweihundert Jahren – ebenso wie eine Notiz über die stechenden Segelflugzeuge: »Wer den Orinoco nicht selbst befahren hat, kann nicht begreifen, wie man ohne Unterlass jeden Augenblick im Leben von Insekten gepeinigt wird ...«

Allein der venezolanische Orinoco-Distrikt Territorio Amazonas an der Grenze zu Brasilien bringt es auf eine Ausdehnung von 175.000 Quadratkilometer – knapp die Hälfte der Fläche Deutschlands – bei einem Netz ausgebauter Straßen außerhalb Puerto Ayacuchos von weniger als hundert Kilometer Länge. Die wahren Wege dieser Region sind immer noch aus Wasser. Und der Orinoco mit seinen zahllosen Nebenflüssen ist der wichtigste davon.

Leoparden aus der Luft

Kenia: im Heißluftballon über dem Massai-Mara-Reservat

Kann der Himmel das Ende der Welt sein? Der Himmel über Ostafrika kann. Er ist beides: Morgens um halb sieben in zweihundert Meter Höhe über der Savanne ist er Anfang und Ende zugleich, hebt Zeiten und Dimensionen auf. Wer dort am Himmel in einem geflochtenen Weidenkorb steht, hat einen Blick wie auf das Deck der Arche Noah. Tiere über Tiere. Dicht an dicht. Von jeder Art ein paar Exemplare. Freund und Feind in Sichtweite voneinander, manchmal nebeneinander. Wild und doch so friedlich. Sie warten auf den Tag, auf das, was er bringen wird, um am Ende wieder auf einen neuen Tag zu warten. Zu fressen. Zu trinken. Und, wenn Noah nicht hinschaut, im größten Gedränge an der Tränke der Arche gefressen zu werden.

Punkt fünf Uhr morgens hat jemand mit einem kleinen Glöckchen vorm reißverschlussgesicherten Eingang des Quartiers in der Zelt-*Lodge* geläutet und »Good morning, Sir, your tea is ready!« gerufen: *wake-up call* in der Massai Mara im Dreiländereck Kenia-Tansania-Uganda. Die Kleidung war noch klamm von der Kälte der Nacht, die Weidegründe der Wildnis waren noch mit Tau überzogen, den die Sonne keine zwei Stunden später restlos weggetrocknet haben wird. Wer in

Ostafrika zum Himmel will, mit einem Weidenkorb aufsteigen und auf die Wildnis herabblicken, muss früh aufstehen.

Massai Mpele wünschte beim Aufbruch auf die Schnelle noch einen guten Morgen. Er hatte während der Nacht vor den vier Zelten in diesem Winkel der Anlage gewacht. Sein Gewehr trug der dunkelhäutige Zwei-Meter-Mann mit dem Lächeln eines kleinen Jungen locker geschultert. Sein traditioneller Speer steckte ein paar Meter weiter ersatzweise im Boden. Nicht vor Banditen solle er schützen, erzählte Mpele. Nein, er stehe hier in erster Linie, um allzu aufdringliche Tiere abzuwehren: Nilpferde zum Beispiel, die es nach dem Bad im Talek River ans falsche Ufer ziehen könnte und die relativ wenig Respekt vor dunkelgrünen Zelten von Teilzeitaussteigern haben, sofern diese ausgerechnet auf der Nilpferdmarschroute dieses Morgens errichtet sein sollten. Sie kämen mitten durchs Camp getrampelt, wenn keiner aufpasse. Und sie seien nicht nur schwer, sondern auch gefährlich. Oder es kämen Affen, um zu stehlen. Oder Löwen.

Während der Tee noch dampfte, breiteten Helfer ein paar hundert Meter weiter im feuchten Gras der Steppe die hauchdünne Hülle des Heißluftballons aus reißfestem Nylon aus und rückten den geflochtenen Weidenkorb heran. Alan Snyder fuhr sich mit der Hand durch die grauen Bartstoppeln, prüfte Windrichtung und -stärke und warf schließlich zwei röhrende Ventilatoren mit Riesenpropellern an, die Luft in die schlaffe Hülle hineinfegen sollten. Zentimeter um Zentimeter richtete sie sich auf, bis sie nach einer Viertelstun-

de die Höhe eines zehnstöckigen Hauses erreicht hatte. An seiner breitesten Stelle misst so ein startbereites Gefährt dreißig, in der Höhe etwa fünfzig Meter. Das Volumen der Nylonhülle bringt es auf siebentausend Kubikmeter. 75.000 Euro kostet ein solcher Heißluftballon in der Anschaffung – Geld, das spätestens nach vierhundert Flugstunden wieder eingespielt sein muss, denn länger übersteht die fragile Hülle die afrikanische Sonne nicht. Und nicht jeden Morgen kann aufgestiegen werden. Bereits bei Windgeschwindigkeiten von mehr als 24 Stundenkilometern muss das Gefährt am Boden bleiben.

Fünf Menschen arrangieren sich mit drei Propangasflaschen und teilen sich zwei Quadratmeter Spanplatte – in der Mitte über den Köpfen so etwas wie ein überdimensionierter Bunsenbrenner, direkt daneben Alans Arm an einem Hebel, drumherum Gasflaschen und die irgendwo dazwischen platzierten Füße der Himmelsreisenden dieses Morgens.

Ein erster kräftiger Feuerstoß fauchte aus dem Gasbrenner. Taue wurden gekappt. Sprachenwirrwarr, Kommandos am Boden und in der Luft, Alan mittendrin, hektische Betriebsamkeit für ein paar Sekunden. Langsam hob der Ballon ab. Im Zeitlupentempo erreichte er die Gipfel der Affenbrotbäume und stieg langsam weiter, erst auf etwa 250, dann auf 400 Meter Höhe. Kein Ruck, kein Schwanken. Fast unmerklich zog es ihn in die Höhe.

Am Horizont kletterte gerade die Sonne hinter den Hügeln hervor. Die Regenfälle der letzten Tage haben der Savanne auf dem Hochplateau

des Massai-Mara-Reservats gut getan. Aus Rinnsalen sind wieder Flüsse geworden, aus lehmigen Tümpeln Wasserstellen, aus ausgelaugten Böden nach längerer Trockenheit wieder dunkelgrüne Weidegründe.

Und irgendwann kommt der Arche-Noah-Moment. Als ob der Ballon am Himmel Anker geworfen hätte: Tief unter ihm erwacht die Massai Mara. Büffel baden im Fluss. Die Nilpferde paddeln im Talek River und grunzen dabei zufrieden in einer solchen Lautstärke, dass man es oben am Himmel hört. Elefanten duschen sich an einer Wasserstelle. Die ersten Zebras traben über die Steppe. Ein Antilopenjunges reckt sich wie Disneys Bambi.

Weder Heißluftballone noch Landrover lösen hier im Normalfall Fluchtverhalten aus. Die Tiere haben gelernt, dass von ihnen keine Gefahr ausgeht. Sie stufen sie als bisweilen lästige, aber harmlose und nicht essbare Weggenossen ein. Nur wenn der Gasbrenner des Ballons über ihren Köpfen faucht oder das eigentümliche Gefährt ihnen allzu nah kommen sollte, nehmen sie Reißaus. Einzig die Warzenschweine zeigen noch Scheu und verschwinden in flottem Kurzbeintrab, sobald sie einen Ballon erblicken oder sich ihnen ein Geländewagen nähert.

Alan, gebürtiger New Yorker, fährt seit fünfzehn Jahren ausschließlich in Ostafrika Ballon: »Weil es hier am schönsten ist und weil ich nie mehr von hier weg möchte«, sagt er. Das Wort, das ihm am wichtigsten ist, wiederholt er: »Nie.«

Zeitweise lässt er den Ballon nur noch so knapp über den Wipfeln der Affenbrotbäume mit

ihren kurzen, knorrigen Ästen schweben, dass man die Blätter pflücken könnte. Diese Bäume sehen aus, als hätte irgendein Riese die Savanne über Nacht umsortiert, die bulligen Stämme aus dem regennassen Boden gerissen und sie mit den Wurzeln nach oben wieder hineingerammt.

Und auch der König der Steppe bleibt bei Tagesanbruch nicht länger im Verborgenen. Im Schatten eines Affenbrotbaums döst ein Leopard. In den Wipfeln über ihm thront ein Geierpärchen. Zwei Racheengel, die auf einen neuen Beutezug der Raubkatze hoffen. Als keineswegs gleichberechtigte Kompagnons gesteht ihnen das Gesetz der Wildnis nur das Aas zu.

Nach etwa einer Stunde frischt der Wind auf, treibt den Ballon schneller voran. Alan beschließt lieber zu landen und lässt sein Gefährt zweihundert Meter von einem dösenden Löwen entfernt heruntergehen. Am Horizont war kurz zuvor noch ein Massaidorf zu sehen. Von Ferne beäugen Giraffen interessiert, wie die Passagiere aus dem gekenterten Korb klettern. Dem Löwen ist das unheimlich. Er hat sich verdrückt, als wäre er auf dem Unterdeck der Arche verschwunden.

Helfer haben die Zufallsroute des Ballons am Boden mit Geländefahrzeugen nachvollzogen, sind bereits an Ort und Stelle, bergen das Fluggerät und tischen wenig später mitten in der Massai Mara ein Champagnerfrühstück auf: edler französischer Schaumwein Jahrgang 1999, frisch gepresster Orangensaft, Rührei und Schinken, Melone, eine Vielzahl kleiner Köstlichkeiten. Snacks auf Noahs Planken. Das Nirgendwo wird zur Bühne, Großstadtleben in den Busch verlegt.

Und die Löwen reiben sich vermutlich irritiert die Augen – darüber, dass ihre potenzielle Beute sich auch noch selbst mit Champagner mariniert.

Der Leopard hält derweil Abstand. Seinen großen Auftritt vor Publikum hat er erst Punkt sechs am Abend. Die Uhr könnte man danach stellen. Auf der Barterrasse des Zeltcamps von Mpele wartet zu dieser Zeit das Publikum. In der linken Hand ein Glas Gin Tonic, in der rechten ein paar Erdnüsse oder Cracker. Geschichten eines Tages mitten in Kenia werden ausgetauscht – und verebben urplötzlich. Die Raubkatze ist auf der Bildfläche erschienen und schwingt sich keine dreißig Meter entfernt auf einen Baum am gegenüberliegenden Ufer des schmalen Talek River. Mit Tatzen und Zähnen hangelt sie nach Hammelfleisch, das dort zuvor im Geäst befestigt wurde. Mit einem wuchtigen Prankenhieb reißt der Leopard die Beute schließlich herunter und schleppt sie dahin, wo er unbeobachtet ist. Weiter weg, tief hinein in die Wildnis. Dorthin, wo er der Herr ist und niemand zusieht. Zwei feige Hyänen haben sich zu spät aus dem Halbdunkel hervorgetraut. Für sie bleibt diesmal nichts. Die Gin-Tonic-Trinker haben es besser. Sie müssen nicht um ihre Nahrung kämpfen. Ihnen bleiben zumindest ihre Cracker. Sie waren es, die am Himmel Anker geworfen und das Nebeneinander des Morgens gesehen hatten, als das Gesetz vom Fressen und Gefressenwerden für einen kurzen Moment lang nicht galt und alle Arten gemeinsam erwachten.

Wo der Wind Regie führt

Nordnorwegen: Ferien auf dem Leuchtturm

Eigentlich gibt es diese Berge nicht, die man von der Spitze des Leuchtturms von Tranøy aus sieht. Es kann sie nicht geben. Sie sehen zu sehr nach Wunschvorstellung aus, nach Schattenriss, nach urzeitlichem Zackenkamm, der der Gedankenwelt eines Fantasyroman-Autors entsprungen sein muss. Diese Berge sind das reale Bühnenbild für das Leben von Stig-André Lexberg und seiner Familie.

Der blonde Norweger betreibt den rot geringelten Leuchtturm auf der Halbinsel Hamarøy seit zehn Jahren und am liebsten sitzt er bei Sonnenuntergang vor den Spiegelreflektoren auf der Balustrade knapp 25 Meter über der Wasserlinie, lässt sich den kalten Wind um die Nase pfeifen und staunt herüber auf die steil aufragenden kargen Gipfel der vorgelagerten Lofoten-Inseln.

»Ich kann mir kein größeres Glück vorstellen, als hier die ersten Frühsommertage bei stiller See und Sonne zu erleben«, sagt er. An solchen Tagen ruft Stig Freunde in Oslo an und schwärmt von seinem Paradies am Nordatlantik 188 Kilometer nördlich des Polarkreises. Inmitten der Einsamkeit. Allein Hamarøy entspricht der Fläche nach dem kompletten Stadtgebiet Berlins und bringt es doch nur auf zweitausend Einwohner. Das bedeutet viel Freiraum für jeden Einzelnen. Sehr viel.

Irgendwo dort draußen vor dem Leuchtturm fließt der Golfstrom vorbei, der der Region relativ mildes Klima beschert – rund ums Jahr eisfreie See, Tagestemperaturen zwischen minus fünf im Winter und plus zwanzig Grad im Sommer. Auf derselben geografischen Breite in Alaska oder Sibirien leben keine Menschen mehr. Zu feindlich ist das Klima dort.

Stig ist von Beruf Aussteiger, obwohl er eigentlich Klempner gelernt und zunächst als Hotelpage in Oslo gearbeitet hat, bis sich die Chance bot, an den Polarkreis zu ziehen. Die Gemeinde Hamarøy wollte ihren Leuchtturm verpachten – komplett mit vier Häusern, allen Nebengebäuden, Insel und Motorboot. Stig hat keine Sekunde gezögert und zugegriffen. Das war 1993. Seitdem ist er dabei, die Häuser in Eigenarbeit zu restaurieren und in Ferienquartiere zu verwandeln. Ein Großteil der Arbeit ist inzwischen getan, die Appartements in den alten Wärterwohnungen auf der Leuchtturminsel im Fantasyland sind fertig.

Heute sind im Königreich an der Westflanke Skandinaviens noch rund hundert Leuchttürme in Betrieb – längst nicht mehr mit Paraffin als Brennmittel, sondern mit Strom betrieben und darüber hinaus mit Speziallinsen ausgestattet, die das Licht hundertfach verstärken.

Um den eigentlichen Job des Wärters muss Stig sich nicht kümmern. »Sein« Turm ist voll automatisiert und wird aus Oslo ferngesteuert.

Weniger als vierzig Leuchtfeuer sind noch mit Leuchtturmwärtern besetzt – vor allem am Oslo-Fjord, durch den sich täglich Fährschiffe Richtung Hauptstadt zwängen. Bald wird man über die

weitere Verwendung auch dieser letzten Leuchttürme nachdenken müssen, denn mehr und mehr Schiffe sind mit elektronischen Navigationshilfen ausgestattet und lassen sich via Satellit bei jedem Wetter bis auf neunzig Zentimeter genau navigieren. Zumindest die kommerzielle Schifffahrt wird schon bald nicht mehr auf die Leuchtfeuer angewiesen sein.

Stigs Weg mag dann Nachahmer finden, denn auf der Suche nach der Leuchtturmromantik vergangener Tage kommen Gäste aus ganz Europa, aus den USA und aus Australien zum Turm von Tranøy. Tagesbesuchern serviert Stigs Ehefrau Anne im ehemaligen Bootshaus während der Sommersaison von Juni bis August Mittag- und Abendessen – Lachs, Rentier oder Wildgans zum Beispiel. Zu den Stammgästen zählt »Derrick« Horst Tappert, der in Sichtweite ein Ferienhaus besitzt.

Von Spuklegenden darf sich niemand schrecken lassen: »Vor starken Stürmen zieht nachts eine alte Lady durchs Haus, die ihren Kopf unter dem Arm trägt. Sie schlägt warnend mit dem Hammer so stark gegen die Wand, dass der Hall das ganze Gebäude erbeben lässt. Wir haben es inzwischen zweimal erlebt. Das erste Mal gleich zu Beginn – als wollte sie uns hier willkommen heißen.« Stig blinzelt mit dem linken Auge.

Der erste Leuchtturm von Tranøy stammt aus dem Jahr 1864, der heutige Turm wie die meisten Nebengebäude aus dem Jahr 1936. Er ist aus Gusseisen – ein Bautyp, der in England entwickelt wurde. Seit 1969 verbindet ein über hundert Meter langer Steg auf Betonstelzen die kleine Leuchtturminsel mit dem Festland.

Eine Bedingung hatte die Gemeinde gestellt, als sie den Turm verpachtete: Eines der Zimmer muss rund ums Jahr für ehemalige Leuchtturmwärter und ihre Familien reserviert sein und kostenlos zur Verfügung stehen – für Leute wie die hochbetagte Mona Schistad, die ein paar Kilometer von hier im Binnenland lebt. Sie ist auf dem Leuchtturm aufgewachsen und war dort von 1918 bis 1936 zu Hause. »Damals«, erzählt sie, »kamen andere Kinder mit dem Ruderboot zum Spielen herüber. Bei Ebbe haben wir mit zurechtgebogenen Stecknadeln gefischt und im Winter haben wir aus Kiefernnadeln Nester für die Eiderenten gebaut. Die schönste Zeit meines Lebens habe ich dort verbracht.«

Monas Blick schweift durch das Wohnzimmer ihres Holzhäuschens, gleitet über Stickbilder von Großseglern, die an der Wand hängen, und bleibt an einem betagten Schwarzweißfoto des Leuchtturms von Tranøy haften. Ein Lächeln huscht über ihr freundliches, faltiges Gesicht und ihre Augen beginnen zu strahlen.

Einen Mittelstreifen gibt es nicht mehr, Hinweisschilder nur selten, stattdessen Warnungen vor »Elchwechsel«. Die Landstraße über die Halbinsel Hamarøy windet sich durch Wälder und Sümpfe, vorbei an hellgrün bemoosten Felslandschaften, an steil aufragenden Bergen, aufgewühlten Buchten und einsamen Bootshäusern. Eine Sandpiste führt kurz vor der Ortschaft Tranøy links ab in die Wildnis, schnurgerade ins Nichts. Genau dorthin, wo sich nur noch Muscheln an die Steine klammern und schillernde Moose den Granit hellgrün zum Leuchten bringen. Käme jemand

vorbei und erzählte von tanzenden Elfen – man würde ihm jedes Wort glauben. Die Kulisse stimmt und ist dasselbe Bühnenbild wie für das Leben von Stig-André Lexberg, denn am Ende der sandigen Piste ist der Leuchtturm Tranøy Fyr in Sichtweite.

Wer hier lebt, hat viel Zeit zum Nachdenken und kann seine Gedanken mit den Möwen durch die Lüfte reisen lassen. Wer hier wohnt, kann sich nachts von Wellenkrachen und pfeifendem Wind in den Schlaf singen lassen. Das Meer ist der Orchestergraben, aus dem heraus die Naturgewalten ihr spektakuläres Konzert entfalten – mit Paukendonner und Fanfaren. Eine monumentale Inszenierung unter der Regie des Windes, am Horizont immer die Lofoten im Blick.

Wenn die Sonne dort drüben am frühen Morgen im Vierzig-Grad-Winkel an den bizarren Berghängen emporgezurrt wird, schieben sich die letzten Saurier schwerfällig durch die sattgrünen Täler davon, ziehen sich zurück aus den Weidegründen der Nacht in ihre schattigen Verstecke, um tagsüber nicht entdeckt zu werden. Kobolde koordinieren das Geschehen und ziehen einen unsichtbaren Vorhang vor die Höhleneingänge: Auf den Lofoten verschmelzen die verschiedensten Sagen, Legenden und Fantasien vor dem inneren Auge zu einem einzigen Bild. Alles wäre in dieser Landschaft möglich – der jahrmillionenweite Sprung zurück in die Vergangenheit ebenso wie der Übertritt in eine Märchenwelt. Die Kulisse wie von einem anderen Planeten, wie aus einer anderen Zeit macht es möglich: zahllose schwarze Binnenseen wie Augen aus den Tiefen der Erde,

zartgrün schillernde Hochebenen, direkt an der Küste jäh senkrecht in den Himmel ragende Felswände, dazu das immer währende Wechselspiel mit dem Meer. Jeder Blick über das Land zwischen Steira und Leknes, zwischen Napp, Ramberg und Reine hoch oben vor der Küste Nordnorwegens reizt die Sinne und feuert sie an zu neuen Spiegelungen aus den Tiefen der Fantasie.

Die Lofoten sind Eilande am Rande der Zivilisation, bizarr geformte Urzeitinseln außerhalb des üblichen Blickfelds – irgendwo im Nordatlantik, vier stürmische Fährstunden von der norwegischen Polarkreismetropole Bodø entfernt, eineinhalb Bootsstunden vom Leuchtturm von Tranøy.

24.500 Menschen halten es das ganze Jahr auf den Inseln aus. In der kurzen Sommersaison zwischen Mitte Juni und Anfang August bekommen sie Besuch von Fremden, die eines der Enden der Welt erleben wollen. Mehr als die Hälfte davon sind Norweger auf Inlandsurlaub. Sie kommen mit dem Wohnmobil, zum Zelten oder mieten sich eine Fischerhütte mit Meerblick.

Die Lofoten-Hauptstadt Svolvaer hat sich auf diese Besucher eingestellt: Hier legen einige der Fähren an, hier gibt es die meisten Quartiere, Supermärkte und Souvenirshops, hier haben Autovermieter ihre Stationen und sogar ein Kino gibt es.

Das Dosenbier im Supermarkt kommt aus Tromsø und wird von einem Walross auf dem Etikett geziert. Der Käse ist hellbraun und schmeckt nach Karamell. Marmelade aus gelben Moltebeeren gibt es im Halbkilo-Eimer und im Kühlregal liegt portioniertes Rentierfleisch nicht weit von Lachs und arktischem Saibling. Lebensstandard

und Preisniveau sind so hoch wie überall in Norwegen und wer Löcher im Asphalt oder Unebenheiten im Pflaster sucht, der wird sie nicht finden. Der Ölreichtum des westlichsten Landes Skandinaviens schafft das finanzielle Fundament, auch die entlegensten Winkel von König Haralds Reich genauso gut zu erschließen wie die Alleen mitten in der über tausend Kilometer weiter südlich gelegenen Hauptstadt Oslo.

Je weiter man Svolvaer Richtung Süden hinter sich lässt, desto einsamer wird das Lofoten-Szenario. Und desto urtümlicher. Desto tiefer geht es in diese verwunschene Landschaft hinein, die die Gedanken quer durch alle Dimensionen reisen lässt. Vorsicht ist vor jeder Kurve geboten, denn oft nehmen Schafherden die Pisten in Beschlag und trotten gemächlich über den Asphalt – und das ohne sonderlichen Respekt vor Autos. Ausgestorbene Riesenreptilien würden besser in diese vorsintflutliche Landschaft passen als Norwegerpullis auf vier Beinen.

Die Strände der Lofoten sind so kieselig, als würde die Küste jede Nacht von urplötzlich auftauchenden und genauso schnell wieder verschwindenden Gletschern aufs Neue geschliffen werden. Und das Wasser schillert an windstillen Tagen so unglaubwürdig grün wie in den Tropen und ist so klar, dass man glaubt, die Fischerboote von Henningsvaer auf der Insel Austvågöy und von Å auf Moskenesöy würden darauf schweben. Bis zu den Seesternen auf dem Grund kann man ungetrübt hinabschauen.

Ein Fischer, der gerade von seiner Fangfahrt zurückkommt, verfolgt zwei Fremde am Kai von

Deck aus mit den Augen, um sich im Moment des Blickkontakts geräuschlos mit der rechten Hand zum Gruß an die Mütze zu tippen – eine nordische Gefühlswallung im Vorbeifahren.

Ahnen der heutigen Lofoten-Bewohner sind die Wikinger – eine Erkenntnis, die man erst 1985 gewann, als ein Bauer beim Pflügen bei Borg auf Vestvågöy auf Reste einer Siedlung stieß. Archäologen legten daraufhin den ältesten und nördlichsten bislang bekannten Herrschersitz der Wikinger frei und rekonstruierten das 83 Meter lange Haupthaus aus dem 8./9. Jahrhundert originalgetreu.

Obwohl die Straße, die die Lofoten wie eine Klammer zusammenhält, im Nichts endet, hat sie einen klangvollen Namen: die Europastraße E10. An ihrer tiefsten Stelle verläuft sie 55 Meter unter dem Meeresspiegel – durch den Tunnel, der die beiden Lofoten-Inseln Vestvågöy und Flakstadöy miteinander verbindet. Genau dort, wo die Wellen am brutalsten sind und die Querung per Fähre in der Vergangenheit oft verhinderten. Dort, wo sich selbst die Fischer vor der Härte der Nappstraumen-Gezeitenströmung fürchten. 65 Kronen Gebühr, umgerechnet knapp über 8 Euro, kostet die Passage je Richtung – immer die Gewissheit vor Augen, dass über dem Kopf Millionen Liter Wasser gurgeln.

In Serpentinen windet sich die Straße danach durch zweieinhalb Milliarden Jahre alte Gebirgsformationen, scheint sich schutzsuchend an den nackten Fels der Berge zu klammern und unter den Windböen wegducken zu wollen. Auf waghalsig konstruierten Brücken kreuzt sie tiefe

Schluchten. Und mulmig wird einem spätestens dann, wenn man man sieht, wie sich die Kåkern-Hängebrücke an ihren Stahlseilen unter dem Gewicht eines Lastwagens durchbiegt. Zugelassen ist sie für 39 Tonnen. Möge niemand auf die Idee kommen, diese Marke zu testen oder den Spielraum auszureizen.

Die Fahrt auf der E10 lüftet das Rätsel, mit dem sich Philosophen seit Jahrhunderten beschäftigen. Was ist am Ende der Welt? Die Antwort fällt prosaisch aus: ein Fußballplatz. Urplötzlich läuft die Straße am Ortsrand des Dorfes Å in einen breiten Parkplatz aus, von dem aus ein schmaler Fußweg zum Fußballfeld über den Klippen führt. Wer es kreuzt, steht dort, wo die Wellen wie seit Urzeiten gurgeln. In derselben Melodie wie zu Anbeginn der Zeiten, in einer Komposition aus Schönheit und Schauer wie damals, als die Saurier noch lebten. Und als es gegenüber auf dem Festland noch keine Leuchttürme gab, die Teilzeitaussteigern als Ausguck in Richtung Nirgendwo dienten.

Seidenballen in den Farben des Regenbogens

Usbekistan: in den Seidenstraßen-Städten Samarkand und Buchara

Hoch die Tassen! Immer und immer wieder. Erst wird auf die bloße Anwesenheit angestoßen, dann auf den schönen Tag, schließlich – und wer mag da noch zögern oder widersprechen – auf die deutsch-usbekische Freundschaft. Ein Trinkspruch folgt auf den anderen – schon beim Frühstück morgens um halb neun in einer Raststätte zu Füßen der Berge von Zaamin an der Landstraße von Taschkent nach Samarkand.

Die Usbeken sind unerbittlich. Schließlich bietet sich durch die bloße Anwesenheit von Gästen ein willkommener Anlass, Wodka zu bechern. Und weil gerade nicht genügend Gläser da sind und die Tassen vom Morgentee ohnehin noch auf dem Tisch stehen, wird der Wodka eben daraus getrunken – aus Meissener Porzellan aus dem einstigen sozialistischen Bruderland. Das ist zudem praktisch, denn in die Tassen passt mehr hinein als in die Gläser. Und dass sie bis zum Rand voll geschenkt werden, ist wieder ein Gebot der Höflichkeit angesichts der gerade betonten deutsch-usbekischen Freundschaft.

»Auf die deutschen Gäste, die zahlreich werden mögen. Auf die usbekischen Gastgeber, das Wetter und die Baumwollernte in Mittelasien!« »Prost!«

Wer durch Usbekistan reist, muss trinkfest sein – oder trickreich im Verschwindenlassen überzähliger Drinks. Gastfreundschaft wird überall betont – und das Zuprosten ist fester Bestandteil davon.

Bürokratiesicher muss man ebenfalls sein, denn der Visums-Papierkrieg läuft noch so ab wie in den alten Tagen vor der Unabhängigkeit der einstigen Sowjetrepublik, durch die nördlich des Pamir-Gebirges die alte Seidenstraße führt. Ein Indikator der Öffnung gen Westen ist schon da: braun, klebrig-süß, trotzdem ein Genuss nach langen Busfahrten über staubige Landstraßen, abgefüllt in 0,3-Liter-Flaschen: »Pepsi Cola« heißt das Zeug. Heimatgefühle in Mittelasien.

Die Märchenerzähler weiter südlich in Pakistan, Afghanistan und Indien haben seit Jahrhunderten von diesem Land im Norden zwischen den Flüssen Sirdaja und Amurdaja geschwärmt: »Hinter den Gipfeln, die nur der Vogel Greif zu überwinden vermag, liegt das Land der Sonne. Die Städte sind erfüllt von sagenhaften Düften. In den Basaren stapeln sich Seidenballen in allen Farben des Regenbogens und die Kuppeln der Paläste leuchten wie Himmel und Meer zusammen …« An den Lagerfeuern Arabiens und Indiens kursierten Geschichten über die Städte der Seidenstraße. Und Marco Polo trug die Geschichten mit nach Europa.

Die Namen der Städte haben den Klang eines Zauberspruchs – ein bisschen wie Simsalabim, ein bisschen wie Abrakadabra. Samarkand und Buchara am Rande der Kyzylkum-Wüste, die knapp 2500 Jahre alten usbekischen Städte am Kreuzungspunkt aller Karawanenwege. Die Truppen

Alexanders des Großen waren hier, die Horden Dschinghis Khans hinterließen ihre blutigen Spuren. Von ihrem sagenhaften Klang haben diese Städte in all den Jahrhunderten nichts verloren.

Sonnenschein weckt an diesem Morgen die Oasenstadt Samarkand und taucht selbst Betonbauten in warmes Licht. Am Straßenrand verkaufen fliegende Händler wagenradgroße Fladenbrote. Menschentrauben wabern um die Stände herum und verändern ihre Form ständig. Ruht der Verkehr, drängt das Menschenknäuel bis auf die Straße. Holpern Busse oder altersschwache Lastwagen heran, dann schieben sich alle auf den sandigen Fußweg, um im nächsten Moment schon wieder zurück auf die Straße zu quellen. Alles das geschieht ohne Eile und das Brot ist nicht knapp. Man nimmt sich Zeit zum Palavern. Vor dem Kauf, währenddessen und danach, ohne unbedingt aufzurücken oder womöglich gleich weiterzugehen.

Türkis wie tropisches Meerwasser schillern die Kuppeln der Koranschulen. Minarette der Moscheen recken sich hoch über die Dächer von Samarkand hinaus. Der Glanz des alten Orients – an vielen Stellen der Stadt erstrahlt er noch.

Ornamente an der Fassade der Schir-Dor-Medresse zeigen Tiger in leuchtenden Farben. Die Sonne spiegelt sich in gekachelten Blumenmustern und Fantasiefiguren. Menschen in bunten Gewändern bevölkern die Straßen zwischen den gelben Lehmziegelbauten der Altstadt. Und der Ruf »Allahu akbar«, zu Zeiten der Sowjetunion mehr als nur verpönt, erklingt wieder. Der Islam hat nach Usbekistan gegriffen.

Auf dem Registan-Platz zwischen Ulug-Bek, Schir-Dor und Tillja-Kari-Medresse aus dem 15. bis 17. Jahrhundert werden wieder islamische Gottesdienste abgehalten. »Es ist nur noch eine Frage der Zeit«, sagt Restaurator Sergej, ein vor Jahren aus Nischni Nowgorod zugewanderter Russe, »wann alle islamischen Hochschulen wieder ihre alte Funktion übernommen haben werden.«

Ausgerechnet verpoppte gregorianische Gesänge der deutschen Gruppe Enigma schallen aus den Kofferradioboxen eines Kassettenverkäufers, der neben den Koranschulen von einst seinen kleinen Stand aufgebaut hat. Der Refrain lautet »In nomini Christi Amen«. Es fällt niemandem weiter auf. Keiner stört sich daran. Später im Hotel rieselt westliche Popmusik aus der Beschallungsanlage der Lobby. Michael Jackson fistelt »We are the world«. Das wirkt liberal und weltoffen. Und so möchte Usbekistan auch gerne wirken.

Der blutrünstige Gewaltherrscher Timur hatte seinen Architekten Planung und Verwirklichung der kunstvollen Prachtbauten von Samarkand zu Beginn des 15. Jahrhunderts befohlen. Die Stadt sollte »ein Vorgeschmack auf die Freuden des Paradieses« werden.

Im Basar duftet es nach Weihrauch und fremder Welt. Fleisch ist knapp, Fisch gar nicht zu entdecken. Aber Obst, Gemüse und Gewürze scheinen keine Mangelware zu sein. Granatäpfel sind zu kleinen Pyramiden aufgetürmt. Gewürz- und Teeberge werden von Käufern umlagert. Auch Seidenstoffe werden hier in den Markthallen zu Füßen der Bibi-Khanum-Moschee wieder feilgeboten.

Gewühl in der Kaftan-Abteilung: Menschen fast aller Hautschattierungen und Gesichtszugvarianten drängen sich zwischen den Ständen hindurch, feilschen, tauschen und palavern. Mongolische Augenpaare. Dünne chinesische Bärtchen. Nur ein Stück davon entfernt zartbraune Haut wie bei Indern. Alle Gesichter Asiens. Fremde werden angesprochen, neugierig angefasst, gezupft und zu Granatäpfeln eingeladen.

Einer der Händler spricht Deutsch, erzählt von seinem Studium vor 31 Jahren in der DDR. Und er erzählt vom Preisniveau auf usbekischen Märkten. Eine Zitrone beispielsweise kostet mehr als den halben Tageslohn eines Arbeiters, ein Kilo Fleisch verschlingt ein gutes Zehntel des Monatslohns.

Was blüht, ist der Tauschhandel. Jeder schleppt herbei, was er in seinem Gärtchen herangezogen, auf der heimischen Werkbank gefertigt, was er gebastelt oder gewebt hat. Eigeninitiative ist gefragt und hungern muss niemand. Fremden würde ein Usbeke ohnehin eher etwas schenken, als dass er ihnen etwas nähme.

Wenn er einen materiellen Wunsch frei hätte, was würde der Händler dann haben wollen? Der Mann strahlt und antwortet, ohne lange nachzudenken. »Eine Satellitenantenne! So eine Parabolschüssel, um MTV zu schauen.« Davon habe er schon so viel gehört: »Musik aus Europa und Amerika, kurze Filme, viel Schwung, immer gute Laune.« Er lacht.

Süßes Brot gibt es ein paar Tage später zum Frühstück in Buchara, Nüsse, Rosinen, Gurken und Tomaten, dazu frische Milch, Tee, Kaffee.

Und Wodka. Es fehlt an nichts – auch nicht an Tischreden und Trinksprüchen. Diesmal schließen sie mit Grüßen an irgendeine Gattin und guten Wünschen für die fernen Familien.

Die noch verbliebenen Eckzähne des alten Mannes im Basar von Buchara blitzen. Er liegt auf der Seite auf dem Fußboden, hat um sich herum Knoblauchzehen zum Verkauf oder Tausch aufgeschichtet, den Kopf aufgestützt, wartet auf Kunden – und strahlt Fremde an. Mit unverständlichen Worten und umso verständlicheren Gesten bedeutet der Alte, dass er gerne fotografiert werden möchte. Nachdem es geklickt hat, lacht er fröhlich wie ein Kind, legt seine rechte Hand aufs Herz, nickt mit dem Kopf und bedankt sich. Er ist stolz auf Film gebannt worden zu sein – obwohl er das Bild nie zu sehen bekommen wird.

Viel stärker noch als in Samarkand ist in Buchara die typische gelbe Lehmziegelarchitektur der Region erhalten, viel größer noch ist das Erbe aus den alten Zeiten der Seidenstraße – Basare und Koranschulen, Moscheen und Mausoleen.

Jungs, die noch keine zehn Jahre alt sind, breiten im schattigen Innenhof der Miri-Arab-Medresse Teppiche aus, knien nieder zum Gebet, lauschen den Ausführungen des Vorbeters und Lehrers. Und irgendwann erklingt wieder dieser Ruf von einem der zahllosen Minarette: »Allahu akbar« – Allah ist groß. Nach über siebzig Jahren Kommunismus wird es den Menschen wieder ins Gedächtnis gerufen – eine Botschaft, die auf fruchtbaren Boden fällt.

Buchara wurde gepriesen als der »anmutigste Platz zwischen dem Mond und den Sternen«.

Und so ist die bislang nur zum Teil restaurierte Ark-Festung in ihren Formen dem Sternbild des Großen Bären nachempfunden. Bis ins 20. Jahrhundert hinein residierte hier der Emir aus der Sheibaniden-Dynastie. Ein Zauberspruch, und der alte Orient erwacht zu neuem Leben. Die Märchenerzähler zwischen Arabien und China haben Wahrheiten verbreitet.

Nach der Sowjetzeit ist sehr schnell usbekisches Selbstbewusstsein zum Vorschein gekommen. Das Lenindenkmal in der Hauptstadt Taschkent ist zugunsten eines riesigen Globus demontiert worden, auf dem es nur einen einzigen Kontinent gibt. Der hat exakt die Umrisse Usbekistans. Auch anderswo macht sich neues Selbstbewusstsein breit. Eine Museumsleiterin in Taschkent stellt ihren Mann als Künstler vor: »Er ist in Usbekistan weltberühmt.«

In den Jagdgründen der Cherokee

Great Smoky Mountains/USA: in den Wäldern der »Nell«

Sie spricht ihre eigene Sprache aus aneinander gehängten Lauten und Silben, die niemand versteht. Es ist die Sprache der Wildnis. Sie bewegt sich mit schlafwandlerischer Sicherheit durch die endlosen, dichten Wälder. Sie ist Teil davon. Ein Naturkind, das nie die Zivilisation erlebt, nie ein Auto gesehen, nie einen anderen Menschen als ihre Mutter getroffen hat. Sie lebt zwei Fahrtstunden von Atlanta entfernt im Nirgendwo und hat den Namen dieser Stadt noch nie gehört. Im Gegenzug hat nie jemand den Weg zu ihr gefunden – gut zwanzig Jahre lang nicht, bis sich Jerome Lovell aus der boomenden Banken- und Versicherungsmetropole Charlotte in North Carolina aufmacht, sie zu finden.

Sie heißt »Nell« und ihre Heimat sind die Wälder der Great Smoky Mountains, die sich vom Interstate 40 im Norden bis zum Fontana Lake im Süden, von Cherokee im Osten bis Gatlinburg im Westen in den zweitausend Meter hohen Appalachen über das Territorium der beiden US-Bundesstaaten North Carolina und Tennessee erstrecken.

So jedenfalls wollten es Hollywoods Filmemacher, als sie Oscar-Preisträgerin Jodie Foster die Rolle der »Nell« im gleichnamigen Kinoerfolg auf den Leib schrieben. Die weibliche Version eines

»Kaspar Hauser«. Auf amerikanisch. Ein Kind, das nichts über seine Herkunft weiß und vom Anbeginn des eigenen Denkens zusammen mit der sprachgestörten Mutter in den Wäldern lebt. Ein Kind, das nichts anderes als die Laute der Mutter und die Stimmen der Natur hört und daraus eine eigene Sprache formt.

Was dem Kinopublikum spannende zwei Stunden Unterhaltung und Jodie Foster eine weitere Oscar-Nominierung einbrachte, ist keineswegs die unrealistische Vision eines Drehbuchautors.

Die Great Smokies – das sind 2107 Quadratkilometer Wald und Wiesen, Wasserfälle und Felsen – unantastbar für Baulöwen, für Spekulanten, für alle, die dort den Status quo verändern wollen. Eine Fläche, die – auf deutsche Maßstäbe übertragen – vier Fünfteln des Saarlandes entspricht. Unmöglich, das Riesenareal zu überblicken, zu durchforsten, alles darüber zu wissen. Ausgeschlossen, in jeden Winkel der oft wegelosen Wälder vorzudringen. Nicht zu schaffen, selbst für die Park Ranger. Mag sein, dass eine Frau wie »Nell« dort Realität ist. Die Geschichte jedenfalls passt gut hierher.

1934 wurde die Region zum Nationalpark erklärt – mit allen Sonderrechten und außerordentlichen Naturschutzmöglichkeiten, die damit in den USA einhergehen.

Kurios, dass ausgerechnet Ölmilliardär Rockefeller es ermöglichte, diesen Great-Smoky-Mountains-Nationalpark zu gründen. Er spendete den Bürgerinitiativen, die sich seit 1923 bemühten, Land für den geforderten Park zu erwerben, vier Millionen Dollar – genug, um ansässige Bauern

»hinauszukaufen« und ihr Land dem Naturschutzgebiet einzuverleiben. Die beiden Bundesstaaten North Carolina und Tennessee gerieten durch diese Geste in Zugzwang und steuerten nun ihrerseits jeweils zwei Millionen Dollar bei. Dem neuen Nationalpark stand nichts mehr im Wege.

Nur eine Straße – der Highway 441 – quert den Park heute in Ost-West-, keine einzige in Nord-Süd-Richtung. Ein paar Abzweigungen gibt es, Stichstraßen hinein in die Natur – viele davon holprige Schotterpisten. Dazu ein 1440 Kilometer langes Netz aus *trails*, aus Wanderpfaden durch die Wildnis. 114 Kilometer misst allein der Teil des Fernwanderwegs »Appalachian Trail«, der durch den Nationalpark verläuft.

Ein Jahr ist zu kurz, um jeden Pfad zu erlaufen, zumal weite Teile des Parks während der Wintermonate geschlossen werden müssen, wenn Schnee und Eis der gefürchteten Blizzards die Straßen blockieren und selbst Räumung nur Abhilfe für ein paar Stunden brächte.

Reichte früher der Blick vom Clingmans Dome, dem mit 2024 Meter höchsten Gipfel des Nationalparks, hundert Meilen weit über die Grenzen von sieben Bundesstaaten hinweg, so sind es heute selbst an klaren Tagen nur noch zweiundzwanzig Meilen. Immerhin. Völlig abgasfrei kann auch die Luft über dem Park nicht gehalten werden.

Shaconage nannten die Cherokee-Indianer in ihrer Sprache diese Wälder, ihre angestammten Jagdgründe von einst. »Ständig blauer Schleier« bedeutet das – benannt nach dem Dunst, der sich bis weit in den Tag hinein in den Tälern hält und

einen milchig weißen Schleier von Geheimnissen über die Natur deckt. Nebel, der nichts mit Abgasen gemein hat. Ein Wetterphänomen, das für den Namen der gesamten Gebirgsregion Pate stand.

Mit Blasrohren statt mit Pfeil und Bogen gingen die Cherokee hier auf die Jagd nach Adlern, deren Schwanzfedern sie als zeremoniellen Schmuck für ihre winterlichen Tänze verwendeten. Im größten Indianerreservat im Osten der USA, das beim Oconaluftee Visitor Center an den Nationalpark grenzt, leben heute etwa achttausend Cherokee-Indianer.

Ihre Vorfahren überstanden die gewaltsame Umsiedlung von über 13.000 Stammesangehörigen nach Oklahoma im Jahr 1834. Sie entgingen dem »Trail of Tears«, weil sie sich auf ihre Vergangenheit besannen und dorthin zurückzogen, wo sie den Weißen überlegen waren: in die weiten Wälder der Great Smoky Mountains.

Wer genau hinschaut, kann dort heute wieder Adler beobachten, die ihre Runden am Himmel hoch über den Wäldern ziehen. Für sie waren die Indianer nie eine große Gefahr. Erst der »weiße Mann« brachte diese Könige der Lüfte der Ausrottung nahe.

236 Vogelarten sind in den Wäldern der Region heute heimisch. 1400 Blütenpflanzen gedeihen hier – viele davon ausschließlich und unter strengstem Naturschutz auf dem Gelände des Nationalparks, darunter seltene wilde Orchideen, Azaleen und Bergmagnolien, die anderswo längst ausgestorben sind. Die Wälder sind Rückzugsgebiet von vierhundert bis sechshundert Schwarzbären, von Luchsen und Koyoten.

Die Region scheint es den Studiobossen Hollywoods angetan zu haben. Entgegen dem gängigen Brauch, Kinowestern grundsätzlich in rotbraunen Canyonlandschaften spielen zu lassen, drehten sie die Neuverfilmung von »Der letzte Mohikaner« nicht weit vor den Toren des Nationalparks in der Appalachen-Landschaft North Carolinas. Daniel Day-Lewis spielte die Rolle des Chingachgook-Gefährten Hawkeye.

Kaum ein Fluss, kaum ein reißender Bach in der weiteren Umgebung der Great Smoky Mountains, den nicht Wildwasserfahrer in ihren Kanus zu bezwingen versuchen. Glenn Goodrich predigt seiner in Neoprenanzüge und Schwimmwesten gezwängten Crew vor dem Start auf dem French Broad River zum hundertsten Mal seinen drei Worte langen Grundsatz: »Do not panic.« Zum Unterstreichen liefert er nach einer wohl gesetzen Kunstpause noch zwei Worte nach: »Never ever!« Niemals aufregen. Okay. Auch nicht, wenn Strudel das Boot durchschütteln. Nur die Ruhe. Leichter gesagt als getan.

Glenn hat gut lachen, stößt sein Kanu kräftig vom Ufer ab und überlässt alles weitere den Stromschnellen, die damit spielen wie mit einem Papierschiffchen.

Bei den Passagieren, die auf Hollywoods Spuren den French Broad River bezwingen wollen, machen sich auf den ersten Metern eher gemischte Gefühle breit: »Grüßt meine Angehörigen ein letztes Mal«, ruft ein Verzweifelter Freunden am Ufer zu. Auch hier auf dem Fluss war Hawkeye vor den Linsen der Filmkameras unterwegs. Zwei Stunden später werden alle schwärmen, wenn sie

zwar klatschnass sind, aber wieder festen Boden unter den Füßen haben.

Wer die Zeit auf der Leinwand weit in die Vergangenheit zurückdrehen will und Kulissen ohne Zivilisationsmarksteine des 20. Jahrhunderts sucht, wird genauso respektlos herumgewirbelt wie Hollywoodstars. Den Flüssen und Wildbächen der Great Smokies ist es völlig egal, wer versucht sie im Kanu zu bezwingen. Das Sagen hat die Natur.

Am Rand der Schotterstraße hinab ins Cataloochee Valley im Ostzipfel des Nationalparks kauern zwei Streifenhörnchen und spielen Verstecken wie kleine Kinder, indem sie wie versteinert auf der Stelle hocken bleiben und sich die Pfötchen vors Gesicht schlagen – frei nach dem Motto »Seh ich dich nicht, siehst du mich auch nicht ...« Es ist, als ob der Blick die Szenerie eines Disney-Zeichentrickfilms abtaste. Eine friedliche Welt mit Tieren, die menschliche Züge tragen.

1819 ließen sich die ersten Siedler der Region bei Cades Cove nieder. Damals, als jeder, der hier siedelte, sich auf ein Leben wie »Nell« einließ. Weitab von allen technischen Errungenschaften, fern von anderen Menschen. Ein Leben nach eigenen Regeln außerhalb der Zeit. Mitten in der Wildnis.

Zahnarzt in der Autowerkstatt

Paraguay: auf der Ruta Internacional zur Klappstuhlkreuzung

Was dem Wagen recht ist, ist dem Gebiss billig. Alle paar hundert Meter verweist eine quadratmetergroße Holztafel am Rand der Landstraße auf die nächste Reifenflickerwerkstatt. Manchmal ist eines der Schilder umgefahren, manchmal hat es sich der Urwald geholt. Zwischendrin wirbt eine Wand in derselben Größe und Machart für die Dienste von »Dentista Benito«. Rote Schrift auf Spanplatte. Nach fünfhundert Metern rechts. Eine Telefonnummer wurde daneben gekrakelt. Der Zahnarzt hat sich als Untermieter einer Autoreparaturwerkstatt an der Ruta Internacional II angeschlossen. Kann sein, dass mal einer der Fernfahrer Zahnschmerzen hat und nicht bis zur nächsten Stadt warten will. Kann sein, dass der Überland-Expressbus Asunción–Rio hält und jemand mit dicker Backe herausstolpert.

Viel los ist nicht in Benitos archaischer Gebisswerkstatt, aber der Standort ist gut gewählt und manches Werkzeug kann man sich ja mit der Autowerkstatt teilen. Notfalls. Wenn gerade nichts anderes zur Hand sein sollte und die Zeit drängt.

Das Wartezimmer ist zwei Klappstühle groß. Sie stehen an der rußgeschwärzten Werkstattwand mit freiem Blick auf den Motorblock eines alten Deutz-Lasters, an dem gerade mit mäßigem

Erfolg herumgefingert wird. Ab und zu röchelt der Transporter, wenn jemand versuchsweise am Zündschlüssel dreht. Als wollte er sagen »Operation noch nicht geglückt«. So als hoffte er noch auf Rettung.

Benitos Tür ist die neben dem Schrank mit den Autobatterien – schräg gegenüber, fünf Schritte von den Wartezimmer-Klappstühlen entfernt. Sein improvisierter Zahnarztstuhl hat vermutlich eine Karriere als Chefsessel in irgendeinem Hauptstadtbüro hinter sich, ist mit braunem Rindsleder bezogen, abgewetzt und rissig. Er lässt sich nach hinten klappen und in dieser Position fixieren. Irgendwer hat dafür Scharniere und Riegel ans Gestell geschweißt. An der Wand hängt ein Fußballposter und in einer Keramikschale auf der Fensterbank diesseits des Fliegengitters liegt Zahnarztbesteck, in einer zweiten daneben türmen sich Watteröllchen. Auf dem Herd gegenüber pfeift ein Wasserkessel.

Ob Benito, ein vielleicht 45-jähriger, dunkelhaariger Mann mit weißem Hemd, Schlips, Brille, schwarzer Hose und uralten Sandalen, je den Beruf des Zahnarztes erlernt hat, weiß wahrscheinlich nur er. Sicher ist: Er muss mal bei einem gewesen sein und hat seine Landstraßen-Notfallklinik so eingerichtet, wie sich jemand mit gewisser Kenntnis, Fantasie und Improvisationstalent eine Zahnarztpraxis basteln würde.

Glücklicherweise richtet Benito wenig an. Die meisten Patientenkandidaten beißen beim Blick in die Werkstatt die Zähne zusammen und schwingen sich doch lieber wieder auf den Bock ihres Lasters. Benito findet das nicht schlimm. Umso

mehr Zeit hat er, nebenbei an seinem Motorrad herumzuschrauben. Aber man solle nur nicht glauben, sein Laden liefe nicht. Fünf Zähne habe er diese Woche schon gezogen, ruft er einem Fast-Patienten hinterher. »Und es ist erst Donnerstag!«

Findige Unternehmer sorgen dafür, dass links und rechts der Landstraße von Paraguays Hauptstadt Asunción nach Ciudad del Este an der Grenze zu Brasilien für alle Alltagsbedürfnisse von den Pneus bis zu den Zähnen ein Experte greifbar ist. Fehlt eigentlich nur noch ein offizielles Kneifzangen-Piktogramm mit der Textzeile »92 Kilometer bis zum nächsten Zahnarzt«.

Diese Straße ist die Lebensader Paraguays. Fast alle Importe und Exporte dieses südamerikanischen Binnenlandes rollen über den Asphalt der meist zweispurigen Piste. Die Sandstreifen links und rechts sind Pferdefuhrwerken, Ochsenkarren und Himmelfahrtskommando-Radfahrern vorbehalten. Die einzige große Gabelung ist so etwas wie der Herzmuskel des Landes. »Klappstuhlkreuzung« wird diese Stelle bei der Ortschaft Coronel Oviedo genannt, wo die Ruta Internacional II auf die Ruta IV trifft.

Ist ein Ranchverwalter mit der Kasse oder, auch sehr beliebt, zusätzlich mit der Frau des Besitzers durchgebrannt, muss der gehörnte Ehemann nur zur Klappstuhlkreuzung fahren, sich dort an den Straßenrand setzen und genügend Geduld mitbringen. Irgendwann müssen sie hier vorbei: der neue Mann, die ehemalige Frau, die Kasse – oder derjenige, der das eine oder andere davon zwischenzeitlich an sich genommen haben könnte. Sucht man Spuren, braucht man Infos –

hier sind sie zu haben. Irgendwer hat immer irgendetwas gesehen oder kennt einen, der etwas gehört oder zumindest Spaß daran hat, mit ernstem Gesichtsausdruck irgendeine hübsche Geschichte zu erzählen. Wenn man an der Kreuzung wartet, regeln sich die Dinge. Über kurz oder manchmal lang.

So ähnlich macht es die Polizei – sei es, wenn sie wirklich nach jemandem fahndet. Sei es, wenn jemand diskret gesucht wird, damit er ein bisschen dafür nachzahlt, dass weiterhin nicht nach ihm gefahndet wird. Erzählt man sich. Wahrscheinlich ist nichts dran. Gar nichts. Nicht in der Republik Paraguay …

Wer immer sich im Land bewegt, taucht irgendwann an dieser Kreuzung auf. Die Händler wissen das, verkaufen in Kompaniestärke Obst und Zeitungen, Erdnüsse und Bonbons durch die geöffneten Autofenster. Schon wegen des Gedränges ist jeder gezwungen, an dieser Kreuzung Schritt zu fahren.

»Gringo?«, fragt einer der Erdnussverkäufer an der Kreuzung mit mürrischer Miene durchs Autofenster. »Alemán«, ist die Antwort – Deutscher, nicht Nordamerikaner. Aha. Die Gesichtszüge entspannen sich prompt. Zehn Meter weiter fragt ein Obstverkäufer »Argentino?«. Nein? Dann gibt es zur Belohnung eine Apfelsine umsonst, denn Argentinier mag hier keiner besonders gerne.

Ein brasilianischer Wirt war der Erste, der sich ein paar Schritte von den Kotflügeln entfernt niedergelassen, Klapptische aufgestellt, einen Tresen gezimmert und einen großen Grill gemauert hat.

Für umgerechnet fünf Euro bietet er vom Rinderfilet bis zum Schweinebauch, vom Würstchen bis zur Rippe so viel Fleisch vom Rost, wie der Fernfahrermagen begehrt – Beilagen eingeschlossen. Andere haben es ihm nachgemacht. Die Klappstuhlkreuzung reift zum Gewerbegebiet heran.

Die ausgeschenkten Biersorten lassen deutsche Wurzeln erkennen – Fundamente, auf die man überall in Paraguay immer wieder stößt: »Bremen« und »Munich« heißen die paraguayischen Biere, »St. Pauli Girl« der Import aus Übersee. »Wird München Meister?«, fragt einer am Nebentisch. »Wie hat Kaiserslautern gespielt?«, will ein anderer wissen. Irgendwer schließt Verwandte in die Arme und jubelt »Du musst nachher unbedingt Mamas Mangomarmelade probieren …«

In Paraguay kommt man leichter mit Deutsch – bei den Mennoniten von Filadelfia nordwestlich von Asunción sogar mit Plattdeutsch – durch als mit Englisch. Noch leichter fällt es nur in den beiden Amtssprachen Spanisch und Guarani.

Paraguay ist deutschfreundlich. Das liegt weniger am Ex-Staatschef General Alfredo Stroessner, der aus Bayern stammt und erst hochbetagt ins brasilianische Exil verjagt wurde, als vielmehr an mehreren Einwanderungswellen aus Deutschland, die das Land an Río Paraguay und Río Paraná erlebt hat.

Schrittweise tastet sich Paraguay inzwischen auf dem Weg Richtung Demokratie voran. Rückschläge inbegriffen. In den Tageszeitungen tauchen vielsagende Preisvergleiche auf. Immer wieder wird dort analysiert, was ein Hähnchen in

Zeiten der Militärdiktatur gekostet hat und was man jetzt dafür berappen muss. Der Vergleich fällt stets zugunsten der Diktatur aus.

In Colonia Independencia, zwei Autostunden von der Kreuzung bei Coronel Oviedo entfernt, leben heute Generationen, die mit badischem Zungenschlag Deutsch sprechen und die Heimat ihrer Eltern selbst nur aus alten Stichen, aus Zeitschriftenartikeln und Filmberichten kennen. Nicht einmal das zwischengeschaltete *gell* ist im Laufe der Jahrzehnte aus dem Wortschatz entwichen. Ihre Kinder tragen deutsche Vornamen, heißen Rolf oder Martin, Charlotte oder Monika. Einzig der Name des Hofhunds von Familie Bachmann ist eine Reverenz an die neue Heimat. Er heißt Chico, der Schäferhund der Nachbarn José.

Die Landschaft sieht aus wie in der Eifel. Nur weiden die Kühe in direkter Nachbarschaft von Orangen- und Pampelmusenbäumchen. Statt Rhododendron gedeihen in den kleinen Gärten neben den Wohnhäusern Rankhecken voller Passionsblumen.

Sie haben sich extra umgezogen, als sie erfahren haben, dass an diesem Morgen Europäer mit ihnen ausreiten und sie fotografieren würden. Keine breitkrempigen Strohhüte, keine zerschlissenen Hemden, sondern ihre beste Garderobe ist daher angesagt: rote Fußballtrikots. Nur mühsam lassen sich die paraguayischen *gauchos* in Colonia Independencia dazu überreden, doch lieber ihre Alltagskluft anzulegen. Am frühen Morgen hatten die beiden noch bei einem anderen deutschstämmigen Siedler geschlachtet. Jetzt helfen sie Oskar Bachmann gegen ein paar tausend Guarani

Entgelt – ein paar Euro – dabei, Rinder in den Corral am Rande des Urwalds zu treiben.

Hütehund Chico kläfft gegen das Getrampel der herannahenden Rinderherde an und weist Ausreißer zurück in ihre Bahn. Lassos surren durch die Luft. Eine Vogelfamilie piepst empört über die Ruhestörung dazwischen und entschwindet aus den Baumwipfeln mit Kurs auf den Horizont.

Die *gauchos* verdingen sich regelmäßig bei den *estancieros* von Independencia, kaufen sich mit dem Erlös mehrerer Arbeitswochen Kühe und Saatgut. Nach Feierabend beackern sie kleine Parzellen auf eigene Rechnung als *campesinos*. Und weil gerade Fremde zu Gast sind, inszenieren die beiden ein Jungstier-*Rodeo* – Mutprobe und Männlichkeitsbeweis zugleich.

Abwechselnd versuchen sie einen Stier zu bändigen, springen auf seinen Rücken, wollen ihn reiten, werden schon nach Sekunden in den weichen Sandboden geschleudert, schütten sich darüber vor Lachen aus und probieren es aufs Neue. Zwölf Sekunden lang konnte Gustavo sich oben halten. Ramón brachte es nur auf acht. Ohne die zwei Dosen »St. Pauli Girl« vorweg hätten es noch ein paar mehr sein können. Oskar Bachmann hat die Zeit gestoppt.

Immer noch zieht es Aussiedler aus Zentraleuropa nach Paraguay. Sie wollen Farmen auf dem Land oder Villen in Asunción für weniger als siebzigtausend Euro erwerben und kaufen sich damit gewollt oder ungewollt sofort in die Oberschicht ein. Viele bringen den Tatendrang der Independencia-Gründer mit. Andere sind Ausstei-

ger, die nach eigenem Bekunden vor den heimischen Atomkraftwerken nach Paraguay fliehen, aber nicht wissen, dass es knapp hinter der Grenze brasilianische gibt. Manche dieser Leute wollen verschreckt ihr Übergangsquartier im Landhotel wechseln, wenn dort das erste Mal ein Frosch durchs Badezimmer hopst, planen aber gleichzeitig sich eine abgelegene Farm mitten im Busch zu kaufen …

Paraguay ist rund fünfzigtausend Quadratkilometer größer als Deutschland und zählt weniger als fünf Millionen Einwohner – die weitaus meisten davon im fruchtbaren Osten, nur wenige im trockenen, heißen und kargen Chaco Westparaguays. Das Land ist komprimiert auf den einige hundert Meter breiten Streifen beiderseits der Rutas. Gleich hinter den einfachen Häuschen und Hütten beginnt die dünn besiedelte Einsamkeit. Wildnis. Busch und Sümpfe, dazwischen nur vereinzelt ein paar Weiden, Einsiedlerfarmen, immer mal wieder Kolonistensiedlungen wie Independencia.

Wer auf den Rutas schnell vorankommen will, setzt auf den Überlandbus. Selbst Autofahrern mit Bleifuß gelingt es nicht, den Expressbussen Rio de Janeiro–Asunción auch nur in Sichtweite zu folgen. Die rasenden Busfahrer hängen jeden ab. Auf dieser Strecke sind sie die Champions. Die Formel-1-Piloten beim Großen Preis von Paraguay.

Nur selten kommen sie auf offener Strecke zum Stehen – allenfalls wenn einer der Passagiere eine schmerzende dicke Backe hat und den völlig entfesselten Fahrer mühsam überzeugen kann,

ihn doch besser schnell bei *dentista* Benito herausspringen zu lassen. Entgegen allen Warnungen.

Am Fluss der Gedanken

Unterwegs im Oman: das Ende der Einsamkeit auf der Rückseite der Moderne

Die Asphaltstraße rückt näher an das Ende der Welt heran. An den Fluss, der die Gedanken davonträgt. An den Wadi, dessen leise Wellen aus dem Nichts kommen und sich in der Wüste verlieren. Die Straße hat das Versteck fast erreicht und gehört zum Katapultstart dieses Landes vom tiefsten Mittelalter in die Moderne. Sultan Qaboos bin Said al Said hat das Tor aufgestoßen, das über Jahrhunderte den Zutritt zum Oman verwehrte. Das Tor, das auch den Weg an diesen Fluss versperrte.

Kristallklar ziehen die Wellen des Wadi Dayqah dahin, schlängeln sich wie eine Fata Morgana durch die rotbraunen Zackenkämme des Hajjar-Gebirges und entfachen die Fantasie. Sie kommen aus der Tiefe des Nichts, sie verschwinden im Nichts. Sie fließen, obwohl sie nicht da sein dürften, denn die Sonne brennt hier rund ums Jahr gnadenlos grell vom Himmel und dörrt alles vom Boden, was ihn benetzt. Zauberei muss im Spiel sein, damit dieser Fluss fließt. Ein Ruhepol im Nirgendwo. Wadi Dayqah, neunzig Fahrtminuten oder eine Tagesreise per Kamel südlich der omanischen Hauptstadt Muscat, fließt direkt durch alle Sinne.

Das Mittelalter liegt drei Jahrzehnte zurück.

Kein Ausländer durfte das Sultanat an der Südspitze der Arabischen Halbinsel betreten. Kein Omaner durfte ausländisches Fernsehen empfangen oder ausreisen. Sonnenbrillen und Radios waren verboten, auf Rauchen in der Öffentlichkeit stand Strafe. Bei Sonnenuntergang wurden die Stadttore geschlossen. Wer nicht rechtzeitig zurück war, musste bis zur Öffnung im Morgengrauen vor den Mauern Muscats campieren. Vor einer Generation gab es in der Hauptstadt weniger als einen Kilometer asphaltierte Straße – vom alten Sultanspalast bis hinunter zum Hafen am Indischen Ozean. Im ganzen Land, mit dreihunderttausend Quadratkilometern immerhin fast so groß wie Deutschland, waren es zehn Kilometer. Der Oman zählte zu den am strengsten abgeschotteten Ländern der Erde, war Terra incognita. Heute bringt es das Netz asphaltierter Straßen auf sechstausend, das der präparierten Pisten auf weitere vierundzwanzigtausend Kilometer.

Auch wenn die Neugierde auf dieses »verbotene Land« groß war: Die Sorge vor Strafe für unberechtigtes Einreisen war noch größer, dazu die Angst vor Stammeskriegen, die bis Mitte der siebziger Jahre tobten – ausgefochten mit den traditionellen Khanjar-Krummdolchen. Ausgeschossen mit archaisch anmutenden Donnerbüchsen mit beachtlichem Knall und breiter Streuung der todbringenden Munition.

Sultan Said bin Taimur riskierte es, einem Menschen die Ausreise zu gestatten: seinem Sohn. Der studierte in England, kam mit dem Kopf voller Ideen zurück und wollte das Land seiner Väter aus dem Muff des Mittelalters reißen. Qaboos

bin Said al Said putschte 1970 unblutig gegen seinen Vater, den er anschließend in den Sommerpalast nach Salalah an der Grenze zum Jemen verbannte und unter Hausarrest stellte. Er bahnte den Weg für den Friedensschluss zwischen den Stämmen und öffnete sein Sultanat für Gegenwart und Zukunft. Und für den Wohlstand.

Das reiche Land an der Spitze der Arabischen Halbinsel ist bislang abhängig von den Petrodollars, die 75 Prozent der Staatseinnahmen ausmachen und den Omanern Steuerfreiheit, ein kostenloses Bildungssystem und unentgeltliche medizinische Versorgung bescheren. Heute hat jede Oase mindestens eine Schule. 1970 waren es drei im ganzen Reich.

Sultan Qaboos tourt einmal im Jahr einen Monat lang durch das Land und hält selbst in den entlegensten Oasen Sprechstunde ab. Jeder Bürger kann ihm vortragen, wo die Sandalen drücken und Probleme Auge in Auge mit dem Herrscher in dessen Zelt diskutieren.

In der Hauptstadt, erzählt man sich, ist der Sultan oft abends inkognito im Landrover unterwegs, um zu sehen, wie es in seinem Reich zugeht. Und wenn im Sommer das Thermometer die Fünfzig-Grad-Marke erreicht, unternimmt Sultan Qaboos gerne einen Abstecher ins kühle Deutschland. Der Mann hat ein Haus in Garmisch-Partenkirchen.

Seit 1986 gibt es im Oman eine Universität, deren Abschluss in England ebenso angesehen ist wie in den USA. Später einmal soll der Tourismus entscheidend zum Bruttosozialprodukt beitragen und den Wohlstand sichern helfen. Die Ölquellen

werden Prognosen zufolge in etwa fünfzehn Jahren versiegt sein, falls keine neuen Lagerstätten tief unten im Boden des Sultanats gefunden werden. Hinter vorgehaltener Hand wird jener Tag X von Experten sogar um nur noch sieben bis acht Jahre in die Zukunft versetzt.

Bald reicht die Moderne bis an den stillen Fluss heran. Nur noch für die letzten paar Kilometer von der neuen Hauptstraße bis an den Wadi braucht man ein Allradfahrzeug. Freitags nach dem Mittagsgebet in der Moschee touren Omaner aus der Hauptstadt im teuren Geländewagen neuester Bauart aus Deutschland, Japan oder den USA hierher, um im Alltag ihrer Väter auszuspannen. Als ob der Fluss sie magisch aus den modernen Städten und von den sechsspurigen Straßen zurück in die Wunderwelt des Hajjar-Gebirges zöge, wo die Gegenwart so fern ist und ihre Väter noch mit Lasttieren von Schlucht zu Schlucht, von Oase zu Oase, von Brunnen zu Brunnen unterwegs waren. Und als träfen sich zwei Jahrhunderte, ist diesen Nachmittag ein hagerer Esel mit aufwändig gearbeitetem Zaumzeug ausgerechnet an einen Pflock am Flussufer festgebunden. Vom Besitzer ist weit und breit keine Spur. Verschwunden hinter dem nächsten Bergkamm und der Biegung des Flusses, abgetaucht in den Zeiten.

Kein Laut zerreißt die andächtige Stille abseits der Piste. Die Ohren suchen nach Geräuschen, bis der Verstand erkennt, dass es nichts zu hören gibt. Bis die Suche der totalen Entspannung weicht. Rotbraune Berge strecken sich wie der zerfurchte Panzerrücken eines schlafenden Dra-

chen dahin und verlieren sich in der Wüste. Falken ziehen ihre Kreise hoch oben am stahlblauen Himmel.

Irgendwann schallt von Ferne der Ruf eines Muezzins durch die Stille. Unsichtbar da draußen ruft er die Menschen wie seit Jahrhunderten zum Gebet. In solchen Momenten zweifelt man nicht mehr an der Allgegenwart Gottes. Der Muezzin singt mitten in die weit geöffnete Seele hinein, weckt Bilder aus Scheherazades Erzählungen und Sindbads Abenteuern.

Die kargen Berge, die den Fluss umgeben, sind Millionen Jahre alt. Sein Wasser ist vor über zehntausend Jahren als Regen gefallen und im Boden versickert. Es sprudelt aus Quellen in den Tiefen der Wüste empor. Der Fluss hat einst den Propheten Mohammed kommen sehen, denn das Wasser ist älter als die Religion.

Aus der Oase Nizwa, dem religiösen Zentrum des Landes, wird das Mittelalter herausrenoviert. Es riecht nach Fisch aus den Tiefen des Indischen Ozeans, nach Hammel und Huhn, doch die neue Markthalle erinnert nur noch von außen an alte Lehmbauten. Von innen ist sie gefliest, mit moderner Lüftungsanlage und Abflüssen auf der Höhe der Zeit. Teile der Sechzigtausend-Einwohner-Stadt wurden in den letzten Jahren einer Grundsanierung unterzogen, die wuchtige Festung mit reichlich Beton ausgebessert und in Sandfarben gestrichen – nur noch auf den ersten Blick so wie vor Hunderten von Jahren erbaut. Ein paar Schritte weiter ist alles beim Alten geblieben: in den Basargassen, zwischen windschiefen Fassaden – dort, wo Weihrauch in Halbkilo-

Beuteln verkauft wird und es nach den Märchen aus »1001 Nacht« duftet. Dort, wo die goldenen Kuppeln der Moscheen und Minarette über die engen Gassen emporragen.

Und auch hier lassen sich die Menschen von der Moderne fesseln: Sie schauen die Zeichentrickserie aus Amerika, die das Staatsfernsehen neuerdings sendet. Der Sultan hat das Tor zum Oman so weit aufgestoßen, dass selbst der rosarote Panther hindurchschlüpfen konnte. Zehn elegant in weißes Tuch gewandete Araber starren gebannt auf den Bildschirm. Sie hocken auf dem Fußboden des kleinen Restaurants Bin Atique, haben den traditionellen Krummdolch Khanjar am Gürtel. Vor ihnen stehen Schalen mit Reis, mit feurig gewürztem Fisch und Gemüse. Gegessen wird traditionell mit der rechten Hand, doch das gerät ins Hintertreffen, solange die tollpatschige Zeichentrickgestalt aktiv ist. Die rosarote Raubkatze mit den Kulleraugen ist neu in Nizwa.

Minuten vorher noch wurde das Mittagsgebet aus der Hauptstadt Muscat live im Fernsehen übertragen. Von allen Minaretten der Oase fielen die Muezzins in den Ruf des Vorbeters ein. Ihr Chor schallte über die meterdicken Festungsmauern und Basare, über schillernde Kuppeln, über Palmenhaine und Bäche, wurde zurückgeworfen von den bizarr geformten Wänden des Hajjar-Gebirges.

Nirgendwo verändert sich der Oman so rasant wie in den Vororten der Hauptstadt. Längst gibt es insbesondere in den Neubausiedlungen von Rubi über Al-Khuwair bis Medinat Qaboos alles,

was auch in westlichen Großstädten angeboten wird. Längst haben sich Fastfood-Imbisse an den Schnellstraßen etabliert, Autohäuser mit hell erleuchteten Panoramascheiben, hinter denen teure Limousinen glitzern. Ein paar Türen weiter wird in Shopping-Komplexen das teuerste Parfum der Welt gehandelt – »Amouage«, ein schwerer Duft aus Rosenwasser, Myrrhe und Weihrauch, entwickelt auf Geheiß des Sultans, angeboten in Bleikristall-Flakons mit vergoldeten Verschlüssen, 50 Milliliter für 750 Euro.

Behelligt wird hier wie überall im Oman niemand. Kein nervtötendes Krämergeschrei, keine vielsprachigen »Nur kommen, nur gucken, nix kaufen«-Lockrufe wie in den Ländern Nordafrikas, kein lästiges Zupfen an der Kleidung. Zudringlichkeit passt nicht in die Tradition des stolzen Wüstenvolkes. Darüber hinaus geht es den Omanern so gut, dass sie derlei Verkaufsgebaren nicht nötig haben. Und auch Kriminalität ist im Oman so gut wie unbekannt.

An den Tankstellen der Überlandstraßen stoßen die Zeiten aufeinander, wenn Pick-ups an den Zapfsäulen vorfahren und auf ihren Ladeflächen Kamele hocken. Noch bevor die Wagen betankt werden, hechten Gesellen aus den Führerhäusern in die Station und besorgen literweise omanisches Tanuf-Mineralwasser für die Wüstenschiffe. Als ob sich die Vorzeichen umgekehrt hätten: bloß keine Bewegung zu viel für die teuren Höckertiere. Menschen sind für die Kamele aktiv, nicht mehr umgekehrt. Das bislang teuerste omanische Rennkamel wechselte erst kürzlich für 3,14 Millionen US-Dollar den Besitzer.

Für den Fluss im Hajjar-Gebirge ist es gleichgültig, ob er durchs Mittelalter oder durch die Zukunft fließt. Wer auf seine Wellen schaut, weiß nicht, in welchem Jahrhundert er lebt. Nicht, ob er in einem reichen oder einem armen Land ist. Wadi Dayqah trägt noch immer die Gedanken davon.

Picus Lesereisen

Helge Sobik
Die Flecken im Fell des Leoparden
Tunesische Arabesken

Aus dem Autoradio des Geländewagens donnert schwungvolle arabische Folklore. Helge Sobik ist unterwegs zu den »Flecken im Fell des Leoparden«, wie die Römer vor mehr als zweitausend Jahren die Oasen am nördlichen Saharasaum bezeichneten. Dem Regisseur Anthony Minghella lieferte diese Landschaft die Bilder für seinen oscarprämierten Film »Der englische Patient«, für George Lucas bildete sie die Kulisse des Weltraumepos »Star Wars«.
Auf den Kerkennah-Inseln kämpft Helge Sobik sich mit der Machete durch eine Hotelruine, deren Korridore längst von Schlingpflanzen erobert wurden. Er trifft die Falkner der Cap-Bon-Halbinsel, fährt mit der »Roten Eidechse« durch kinoreife Canyons und träumt beim Versuch, sich auf einem Dromedar zu halten, davon, bis nach Timbuktu zu schaukeln. »Die Leibhaftigkeit des Märchens!« hatte der Maler Paul Klee 1914 während seiner Tunesienreise in sein Tagebuch notiert. Das Märchen ist zeitlos und wird im kleinsten Land Nordafrikas auch heute noch aufgeführt.

132 Seiten, Leinen mit Schutzumschlag
ISBN 3-85452-758-6

Picus Verlag Wien

Picus Lesereisen

Helge Sobik
Der Mann hinter dem Regenbogen
Kanadische Eigenheiten

Im Hotelzimmer gibt es keinen Fernseher. Warum auch? Durch das Fenster sieht man bei Tag und Nacht am Ufer nach Fischen hangelnde Bären, kleine Kabbeleien unter Bibern, balzende Otter und über alledem kreisende Weißkopfseeadler. Der Live-Mitschnitt ihres Lebens wird ganztags gesendet, wann immer man in Kanada unterwegs ist. Der Lebensstandard im zweitgrößten Land der Welt verleitet zur Illusion, der Mensch hätte diese Gegend bezwungen.

Helge Sobik berichtet vom Fensterputzer des höchsten Gebäudes der Welt; von einem aidskranken Künstler, der gegen die Zeit malt; von Dreharbeiten für »Akte X« in Vancouver; von Goldschürfern, die noch heute Reichtum aus dem schlammigbraunen Klondike sieben wollen; von Menschen, die in Edmonton mit dem U-Boot zum Einkaufen fahren. Mit dem legendären »Canadian« rattert er auf Schienen 4467 Kilometer weit durch die atemberaubend schöne und wilde Landschaft Kanadas. Und er trifft den »Mann hinter dem Regenbogen« – einen der letzten Wunderheiler der Cree-Indianer in Saskatchewan.

132 Seiten, Leinen mit Schutzumschlag
ISBN 3-85452-749-7

Picus Verlag Wien

Picus Lesereisen

Helge Sobik
Das letzte Postamt diesseits des Polarsterns
Finnische Fundstücke

Im Land der langen, dunklen Winter und kurzen, dafür lebensfrohen Sommer hat Helge Sobik die Samin Maarit Paadar in Inari 350 Kilometer nördlich des Polarkreises besucht, die sich an eine Zeit erinnert, als Mensch und Natur noch eine Einheit bildeten. Er berichtet von den letzten Schamanen des Nordens und ihrem Leben im Geheimen, ist mit Rentierzüchtern in Lapplands Winter unterwegs. Und er schaut beim echten Weihnachtsmann in Rovaniemi vorbei, wo der alte Herr täglich Sprechstunde abhält und Autogrammkarten signiert.

Hightech und größter Wohlstand neben einsamster Wildnis, Weltkultur in der Hauptstadt Helsinki neben Geisterglauben im Norden, rund zweihunderttausend Seen, endlose Wälder und viel Platz bis zum nächsten Nachbarn, aber versorgt von einem flächendeckenden Handynetz – Finnland ist ein großes Abenteuer mit geringem Risiko.

»Äußerst facettenreich und zudem blendend erzählt …«
WESTFÄLISCHE NACHRICHTEN

132 Seiten, Leinen mit Schutzumschlag
ISBN 3-85452-763-2

Picus Verlag Wien